广东省中小学“百千万人才培养工程”系列丛书

地理课堂有效提问

赵汝倩 编著

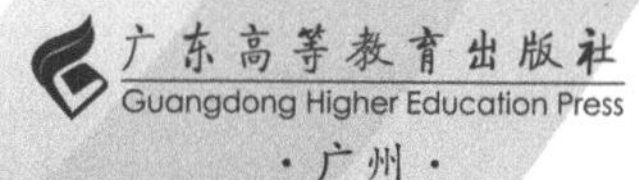

·广州·

图书在版编目（CIP）数据

地理课堂有效提问 / 赵汝倩编著. —广州：广东高等教育出版社，2023. 11
ISBN 978-7-5361-5648-7

Ⅰ. ①地…　Ⅱ. ①赵…　Ⅲ. ①中学地理课－课堂教学－教学法
Ⅳ. ① G633.522

中国国家版本馆 CIP 数据核字（2023）第 207649 号

DILI KETANG YOUXIAO TIWEN

出版发行	广东高等教育出版社
	地址：广州市天河区林和西横路
	邮编：510500　营销电话：（020）87553735
	网址：http://www.gdgjs.com.cn
印　刷	广州小明数码印刷有限公司
开　本	787 mm × 1092 mm　1/16
印　张	11.5
字　数	276 千
版　次	2023 年 11 月第 1 版
印　次	2023 年 11 月第 1 次印刷
定　价	36. 00 元

前 言

我以为，教育就像一扇窗，为孩子们开放一片光亮，引领他们走向梦想的彼岸。时间和空间在生命轨道上爬行，教育教研路上，我耕耘了20余载，一直面对的是浩瀚的大海，在深感自身渺小的同时，也有些如沙海拾珠的惊喜。

教育的目的不在于知识的灌输，需要尊重被教育的个体，创造一定的条件，点燃被教育对象的求知欲望和思想火花。德国教育学家斯普朗格曾经说过："教育的最终目的不是传授已有的东西，而是要把人的创造力量诱导出来，将生命感、价值感唤醒。"我极为认同该观点，教育贵在唤醒，就像德国哲学家雅斯贝尔斯在其著作《什么是教育》中提到的，"教育的本质意味着，一棵树摇动另一棵树，一朵云推动另一朵云，一个灵魂唤醒另一个灵魂。"

新时代背景下，全面深化课程改革、落实立德树人根本任务尤为迫切，而落实学科素养的培养、强化必备知识和关键能力又是实现学生发展核心素养的有效途径和深化地理课程改革的关键，课堂有效提问在素养内化过程中虽不决定全局，但亦为其中肯綮，发挥着极为重要的中介效应。聚焦当下，习近平总书记在致全国优秀教师代表的信中鲜明提出"启智润心，因材施教"的育人智慧。培育学生提问意识是课堂有效提问的前置条件，通过教师的有效提问，能够极大地促进学生主动、有效思考和积极探索，避免学生被裹挟进无效的信息浪潮之中，从而达到有效启智的效果。

本书以新课改为背景，基于学科核心素养的培养，以高中地理课堂为研究对象，以课堂有效提问为切入点，尝试建构更有效及更高质量的课堂。当前，国内外对于课堂有效提问已有较为深入的研究，然而系统性和实践性仍存在不足，难寻可供本地借鉴使用的范本，因此，本书系统性提出欠发达地区高中地理课堂有效提问的策略极具理论和实践意义。本书共分为六章，从背景意义、研究现状、评估体系构建、调查分析、实施策略、评价机制、教学案例等维度构建了较为完整的高中地理课堂中有效提问的实施体系，共性地分析了现实中多数教师课堂提问时存在的问题，剖析其原因并提出有效策略和评价体系，辅以具体的案例作为参考。本书主要特点在于：一是借助 CiteSpace 工具绘图并通过相关表格直观展示高中地理课堂教学有效提问的发展路径，进而明晰高中地理课堂有效提问的发展脉络；二是以文献综述为理论之基，采用层次分析法建构起高中地理课堂教学有效提问的评价体系并确定体系中各指标的权重；三是以高中地理课堂有效提问评价体系为指引，深刻、系统分析高中地理课堂提问存在的问题、原因并提出针对性的有效对策；四是注重将评价理论和教学实践融合，本书凝聚了众多优秀高中地理课堂教学有效提问的实践案例，这些案例可为一线教师课堂教学提供借鉴，对促进教师成长、落实学生核心素养，以及打造高质课堂有重要的参考价值。

大音希声，大象无形。编纂此书的目的，旨在深化、示范和引领，以提高高中地理课堂提问的有效性，进一步唤醒学生学习的主动性、创造性，牢固树立学生在课堂中的“主体地位”，以情境创设为载体，突出“合作、探究”等形式，以有效提问建构地理高质量课堂。

本书编写团队成员均为一线名师或骨干教师，成书建立在大量教学实践的基础之上，每位编者均是在教学之余潜心教研，参与编写工作，精神可嘉，深为感动。编写过程并非一路坦途，幸在编写的荆棘路上，各成员之间以平和、包容的心态探讨分歧并寻找解决问题的方法，经过不断攒聚力量，方才“修炼成器”。

限于编者水平，虽几经修改，本书尚存不足，甚至错漏在所难免，恳请各位专家和读者及时批评指正。书虽粗浅，诚意颇深，重在“抛砖引玉”。古诗云：“苔花如米小，也学牡丹开。”希望通过不断打磨，进而将本书变得如珍珠般熠熠生辉。

赵汝倩

2023 年 6 月

目 录

第一章

高中地理课堂教学有效提问策略研究文献综述

一、研究背景和意义

（一）研究背景

探究高中地理课堂教学有效提问策略虽说不是一个新兴前沿的研究热点，但是在新时代再次提及、深入研究高中地理课堂教学有效提问策略是全面深化课程改革、落实立德树人根本任务的需要。2014 年 4 月，在《教育部关于全面深化课程改革，落实立德树人根本任务的意见》中明确指出要充分认识到全面深化课程改革、落实立德树人根本任务的重要性和紧迫性。教师在高中地理教学中加强对学生地理核心素养的培养是深化地理课程改革的关键。在深化地理课程教学的路径中，课堂教学提问在师生教与学的过程中发挥着不可或缺的中介效应。众多学者指出要珍视学习过程中产生的疑问，并养成质疑的习惯，我国孔子曾云：“不愤不启，不悱不发。”陶行知也提出了：“发明千千万，起点是一问。”新课程改革倡导“合作学习、自主探究”，和“以学生为主体”的课堂教学，有效提问可以促使学生主动思考、积极探索，让课堂成为探索的课堂，可以说教师在课堂善问可以促使学生善思，学会善思能进一步促进学生善学，从而达到培养学生全面发展的目的。

在新时代再次提及、深入研究高中地理课堂教学有效提问策略是在教学过程中培育学生核心地理素养的需要。学科核心素养是学生通过学科学习而逐步形成的正确价值观念，无论是在培育学生核心地理素养还是在贯彻新课标精神之中深化地理课程的改革，教师都需要在课堂教学之中预设有效的提问以引导学生进行有效的思考，从而让学生达到高效学习地理知识的目标。然而，当前在地理课堂教学中教师对有效提问缺乏全面系统的思考，出现课堂提问策略较为单一，提问问题欠缺层次性、多样性、情境性和启发性等。因此，进一步深入研究地理课堂提问策略势在必行。

（二）研究意义

1. 理论意义

首先，能丰富和完善有效教学理论。有效教学理论立足于预设的教学方案和目标，教师通过在教学过程中投入不同的资源和实施不同的方法，在课后对教学实践进行不断反思和改进，以使教学效果富有成效。在教学过程中，通过提问，教师能及时了解学生的学习效果并适时、适度调整当前教学策略。

其次，能丰富和完善师生互动理论。师生互动理论强调有效的师生互动要以教学目标为导向，在注重互动双向性的基础上，既要调动学生在课堂学习的积极性，又要教师对学生的行为进行动态管理和协调。有效提问是提高师生课堂互动十分重要的形式之一，因而完善有效提问策略能促进师生的课堂互动。

2. 实践意义

有效提问对提高地理课堂教学效果起到重要作用。教师设置有效的问题链，有利于明确和突出重点，鼓励和培养学生的问题意识；有利于引领学生深入思考和理解，锻炼学生分析问题及培养学生独立思考的能力；有利于教师了解学生的学习能力及学生对知识的掌握和理解程度等，及时调整教学计划和课堂教学方法。

与此同时，关注、研究有效提问可促进教师专业发展。在课堂教学中构筑起有效提问的体系，能帮助教师及时了解课堂教学中存在的问题，帮助教师课后对教学实践实现高效、系统的反思，进而促进教师专业成长和发展。此外，有效提问充实了高中地理课堂教学的提问评价标准和体系，提高了课堂教学互动性和课堂教学质量。

二、国内外相关研究

（一）国外关于有效提问的研究

国外学者关于课堂提问的研究主要归纳为如下四个维度：课堂提问类型、课堂提问功能、课堂提问有效性和课堂提问策略。

1. 课堂提问类型

布鲁姆（1956）将课堂提问类型划分为记忆认知、理解、应用、分析、综合和评价六种。在此基础上，加拉赫和阿什纳（1985）提出了集中型和分歧型问题；而吉尔福特（2013）提出了扩散性思考和聚敛性思考的提问方式。

2. 课堂提问功能

帕特（1967）指出课堂提问有助于教师检查和进行知识方面的教学。特纳（1973）立足学生视角，总结出课堂提问对学生有 12 项功能，主要表现为激发学生学习兴趣，提高学生思考积极性、思考能力和注意力，还有助于学生融入团队，提高学生的团队协作和自我反思能力。克拉克和斯塔尔（1985）从学生和教师两者视角出发，提出课堂提问既有利于学生的学习，也有助于促进教师的教学，推动师生形成良好的课堂互动关系。

3. 课堂提问有效性

何为有效的课堂提问，对此格拉伊赛尔（1985）认为有效提问的问题具有明确的目的性，提问要清楚、简短、自然、有序和发人深省。加里·D·鲍里奇（2002）则认为有效的课堂提问一是需要有效的问题，二是需要有效的提问策略。

4. 课堂提问策略

瑞格（1984）提出教师应采用点名的方式进行提问，当学生回答正确的时候，教师应及时表扬；当学生回答不出问题的时候，教师应及时调整提问的角度。韦伦（2011）将课堂提问策略归纳成一个比较完整的体系，该体系指出教师应根据教学内容设计出具有关键性且有水平区分度的问题，同时所设计的问题应充分考虑学生的能力，让问题合乎学生的水平。在此基础上，教师在提问时需要清晰表达出问题，在学生回答问题的时候需要给予学生充分的思考时间备答。必要的时候，教师可以有逻辑、连续地提问学生，调动起学生思考的积极性；学生经过思考回答问题后，教师可以继续发问，进而鼓励学生提问。

（二）国内关于有效提问的研究

由于更容易搜集和深入解读国内学者关于高中地理课堂有效提问的策略研究相关文献，同时为更全面了解高中地理课堂有效提问相关研究的发展路线，所以从宏观和微观两个视角对国内研究进行文献综述。

1. 宏观视角

本文文献研究数据均源于中国知网（CNKI）官方网站，以篇名“高中地理提问”进行搜索，时间跨度为1999—2023年（截至2023年4月），共检索出1 113篇相关文献，借助CiteSpace（版本为6.2.4）对文献相关数据进行转化和分析，具体内容从以下五方面展开论述。

（1）发文量。

知网记录的以高中地理提问为研究方向的文献最早于1999年5月发表，而从2002年开始的发文才计入计量可视化。从图1.1可以发现，第一阶段：2003年到2010年间以“高中地理提问”为题的发文量不多，整体呈现缓慢上升的势头。第二阶段：从2011年到2017年这7年间，以“高中地理提问”为研究方向的发文数量呈现稳步且较为快速的上升态势。第三阶段：2018年至2022年，每年发文数量均破100篇，2021年发文数量达到峰值，数量为146篇。相较于前四年，2022年的发文数量呈现回落势头。可以说，这些年“以高中地理提问”为题的文献虽高产，但数量出现不稳定的波动状态。在这些发文中，主题主要分布在问题式教学、核心素养、教学提问、策略研究、课堂教学、课堂提问、有效提问、课堂观察、激发学生、培养学生等研究方向上。

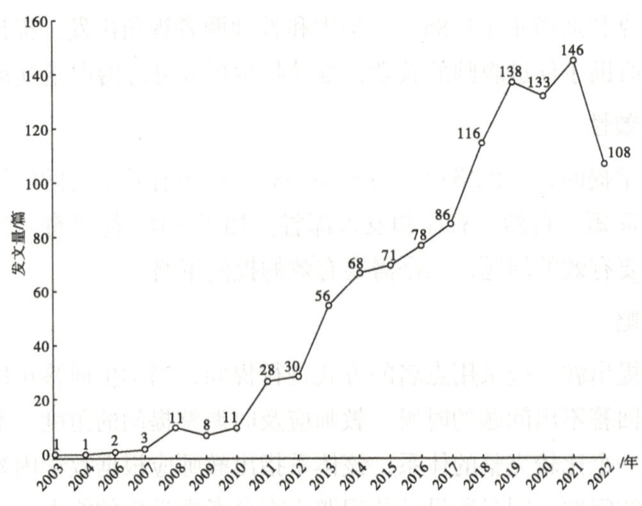

图 1.1 “高中地理提问”研究发文量时间变化图

（2）发文作者分布。

对 CiteSpace 进行相应的参数设置：node types 设为作者（Author），时间从 1990 年 1 月至 2023 年 4 月，时间切片（Year Per Slice）为 1 年，即可得出显示发文者分布与合作关系的共现图（见图 1.2）。由图可知共现图各节点分布比较零散，各节点间连线甚少，反映出众作者在高中地理提问领域缺乏协同合作。当然，两到三人间的小规模合作也是存在的，只是数量屈指可数，如吴月萍、吴劲安和吴棋楠之间存在相互合作关系。同时以高中地理提问为题的作者发文数量并不多，数量最多为 2 篇，具体见表 1.1。

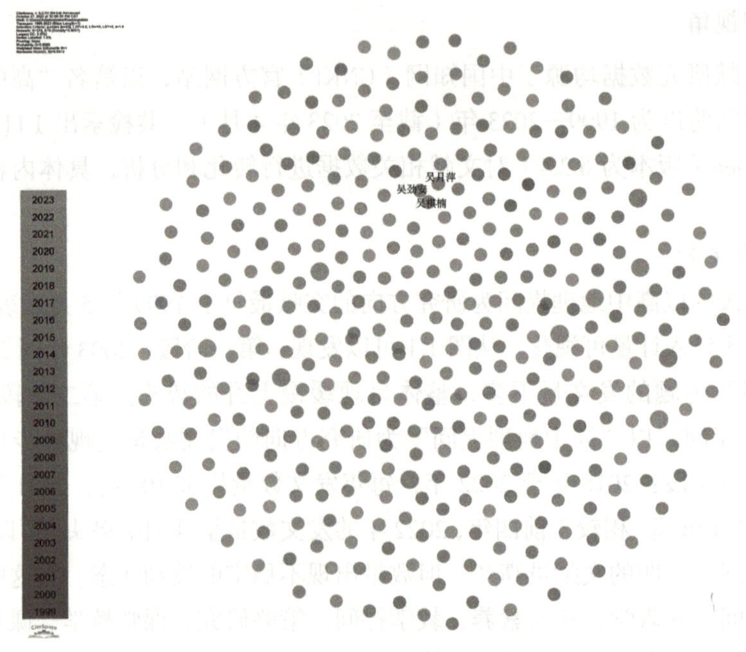

图 1.2 发文作者分布与共现图

表 1.1 以“高中地理提问”为题发文的主要作者信息

作者	发文数量	中心性	首次发文年份
史广宇	2	0	2012
李善中	2	0	2012
徐华	2	0	2012
陈常兰	2	0	2013
杨建飞	2	0	2013
高会荣	2	0	2016
刘丽娟	2	0	2016
程志华	2	0	2018
吴昊	2	0	2019
何霞	2	0	2019
魏巍	2	0	2020
林培将	2	0	2020
陈建宏	1	0	1999

（3）发文机构合作分布。

对 CiteSpace 进行相应的参数设置：node types 设为机构（Institution），同样时间从 1990 年 1 月到 2023 年 4 月，时间切片（Year Per Slice）为 1 年，可得出显示发文机构合作关系的共现图（见图 1.3）。由图可知，以“高中地理提问”为题进行发文的机构同样存在分布零散的特点，大部分机构在研究过程中采用独立研究为主、合作研究为辅的研究模式。仅扬州市邗江区瓜洲中学、四川省南充市第一中学和四川省绵阳市安州中学这三所学校之间存在过协同合作关系。

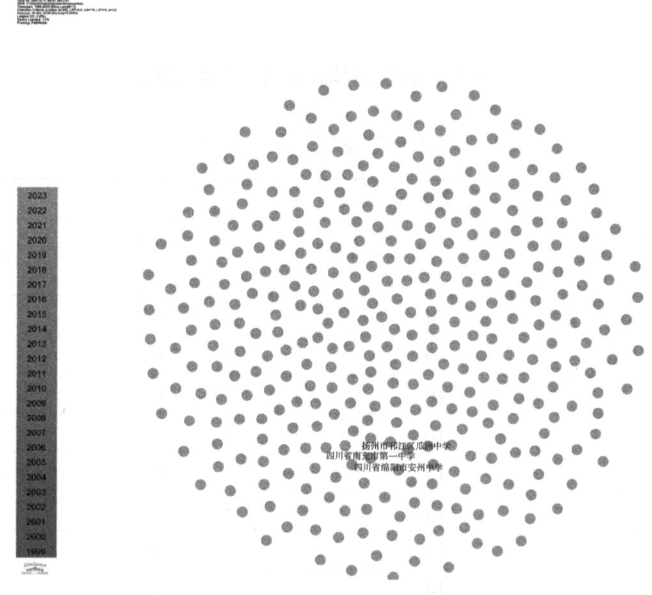

图 1.3 发文机构分布共现图

（4）发文机构作者发文量。

同样对 CiteSpace 进行相应的参数设置：node types 设为作者（Author）和机构（Institution），时间依然为 1990 年 1 月到 2023 年 4 月，时间切片（Year Per Slice）为 1 年，可得发文机构作者发文量共现图（见图 1.4）。由图可知，华中师范大学就高中地理提问的发文量最多，且联系最为紧密，如刘建平等学者就有较大的发文量。与此同时，华中师范大学最早于 2008 年发文，至今共计 84 篇，中心性为 0.01。紧随其后的是内蒙古师范大学和辽宁师范大学，至今发文数量均为 24 篇，而辽宁师范大学最早于 2004 年发文，内蒙古师范大学最早于 2008 年发文。发文机构发文量具体数据见表 1.2。

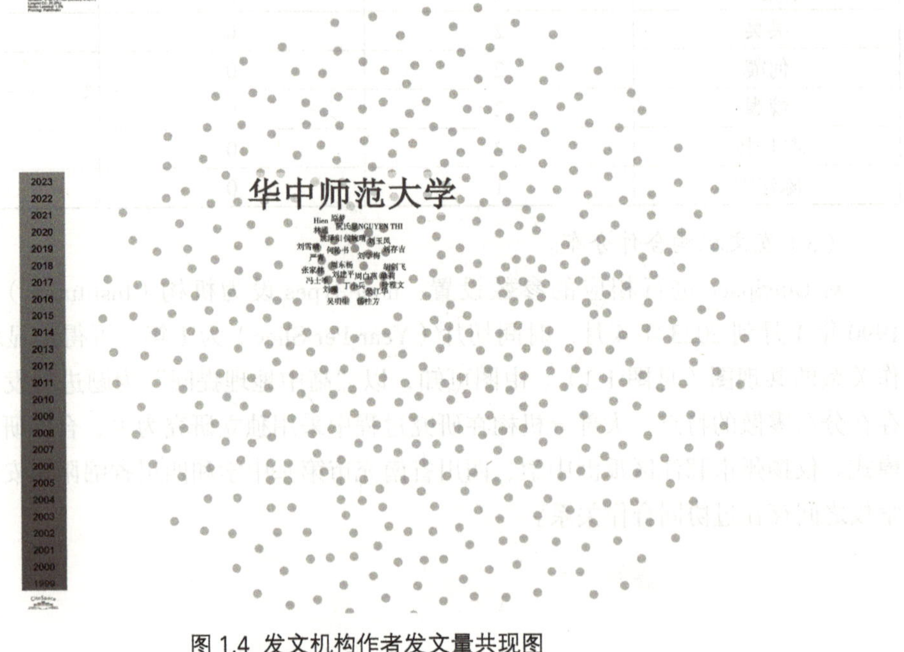

图 1.4 发文机构作者发文量共现图

表 1.2 “高中地理提问”发文机构作者发文量

发文机构	发文数量	中心性	首次发文年份
华中师范大学	84	0.01	2008
内蒙古师范大学	24	0	2008
辽宁师范大学	24	0	2004
山东师范大学	19	0	2018
南京师范大学	16	0	2008
贵州师范大学	16	0	2017
天津师范大学	15	0	2020
延边大学	14	0	2011
福建师范大学	14	0	2018
西北师范大学	14	0	2014
广西师范大学	12	0	2012

（5）研究热点主题分布。

关于高中地理课堂提问的研究发展，本文将其划分为三个阶段。

第一阶段：高中地理课堂提问研究初露头角。1999 年到 2010 年间以“高中地理提问”为题的发文量不多，整体呈现缓慢上升的势头。此阶段，课堂提问在 2007 年于高中地理教学的研究文献中首次出现，同时相较于有效教学、教学策略等热点主题，课堂提问成为该阶段最为热点的研究对象（见图 1.5）。

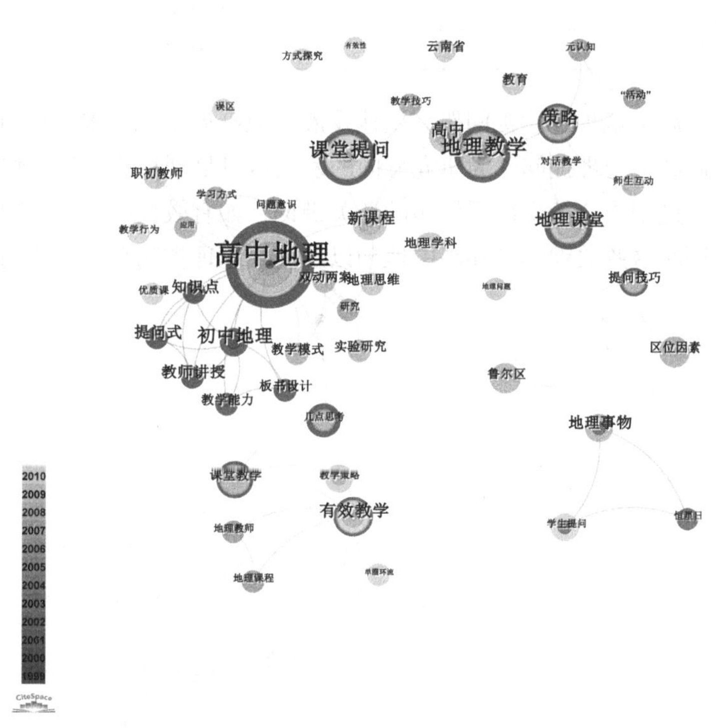

图 1.5　1999—2010 年我国高中地理课堂提问研究热点可视化图

图 1.5 中各个年轮代表各个关键词的节点，节点越大表示着关键词出现的频率越高；节点所在的位置越靠近中心，则表示中心性越高，所产生的影响越广泛。由图 1.5 可知，高中地理、课堂提问、地理教学等关键词处于中心的位置，且存在密切的关联。具体而言，“高中地理”一词的频率和中心性都位于榜首，频率高达 10 次，中心性为 0.67。紧接着的是“课堂提问”，该词的频率多达 4 次，中心性为 0.39。可以说，在第一阶段中，高中地理课堂提问已成为研究的热点，众学者在研究过程中围绕着新课程的目标和要求思考、探索如何进行课堂提问，以及如何进行有效教学。其余热点关键词的频率、中心性和首现年份见表 1.3。

表 1.3 1999—2010 年关键词频率与中心性

关键词	频率	中心性	首现年份
高中地理	10	0.67	1999
课堂提问	4	0.39	2007
地理教学	4	0.32	2004
有效教学	3	0.11	2006
新课程	3	0.09	2007
地理课堂	3	0.21	2008
策略	3	0.10	2004
高中	3	0.08	2004
鲁尔区	2	0.05	2008
初中地理	2	0.00	1999
区位因素	2	0.05	2008

第二阶段：高中地理课堂提问研究快速发展，但延展领域有限。从 2011 年到 2017 年这 7 年间，“以高中地理提问”为研究方向的发文数量呈现稳步且较为快速的上升态势。在这 7 年的研究进程中，衍生出了较多的新关键词，如有效提问、课堂观察、自主学习、核心素养等，同时这些关键词又和高中地理以及高中地理提问存在密切的关联性。具体如图 1.6 所示。

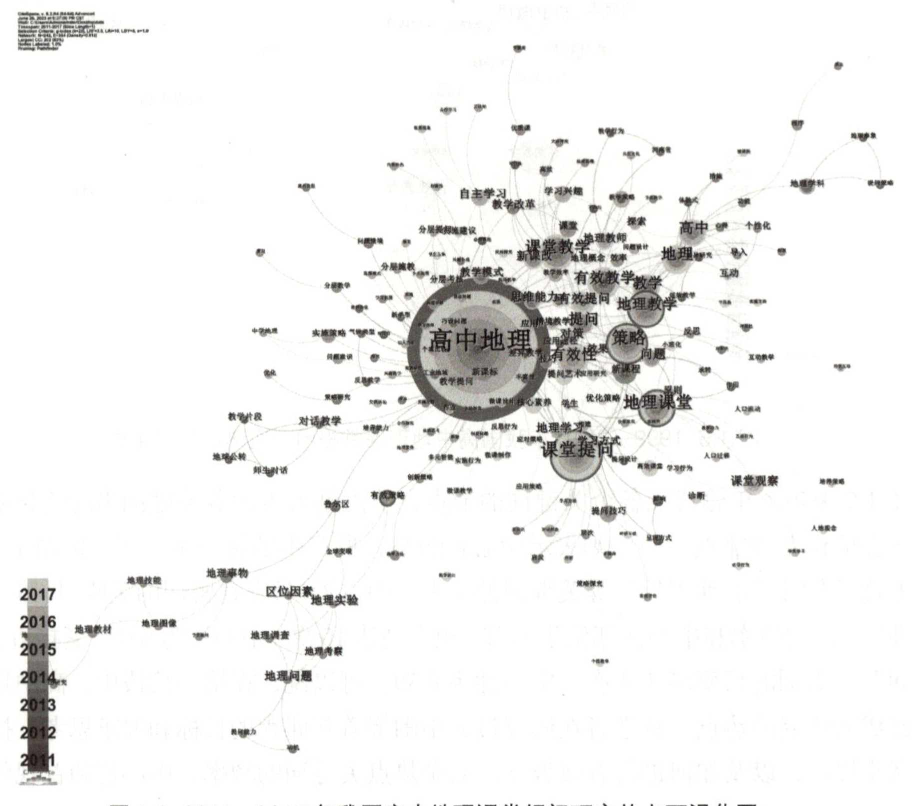

图 1.6 2011—2017 年我国高中地理课堂提问研究热点可视化图

由图 1.6 可以发现，高中地理、课堂教学、地理课堂、策略、课堂提问仍然处于中心环节，较以往不同的是，上述热点关键词产生出众多新的网络联系，如有效性、有效提问——这两个新关键词亦具有较大的节点和影响力。就关键词“有效性”而言，于 2012 年出现在文献研究之中，频率为 21，中心性为 0.04；关键词“有效提问”于 2011 年出现在文献研究之中，频率为 9，中心性为 0.03。其余热点关键词的频率、中心性和首现年份见表 1.4。

表 1.4 2011—2017 年关键词频率与中心性

关键词	频率	中心性	首现年份
高中地理	221	1.06	2011
课堂提问	43	0.17	2011
策略	31	0.13	2011
课堂教学	24	0.08	2011
地理课堂	22	0.14	2011
有效性	21	0.04	2012
地理教学	16	0.16	2011
有效教学	15	0.06	2011
地理	14	0.03	2011
教学	13	0.08	2011
高中	13	0.08	2013
提问	11	0.03	2012
新课程	10	0.01	2011
有效提问	9	0.03	2011

据表 1.4 可知，较第一阶段，“高中地理”关键词出现频率增加了 211 次，“课堂提问”增加了 39 次，“策略”增加了 38 次，“地理课堂”增加了 19 次，“有效教学”增加了 12 次，“新课程”增加了 7 次。“有效提问”作为新的热点关键词，于 2011 年在文献研究中首现，其频率多达 9 次，中心性为 0.03，这反映出学者对提问和提问的效果进行了相应的思考，并进一步凝练有效提问的经验。

第三阶段：高中地理课堂提问研究进一步发展，涉及范围更加全面。2018 年至 2022 年，每年发文数量均破 100 篇，2021 年发文数量达到峰值，为 146 篇。相较于前四年，2022 年的发文数量呈现回落势头。近 5 年间，高中地理教学更侧重地理核心素养的培养，以及教学策略、教学设计的完善，但是课堂提问、教学提问、有效提问仍是研究的重点，而问题意识和问题导学成为新的热点关键词。具体如图 1.7 所示。

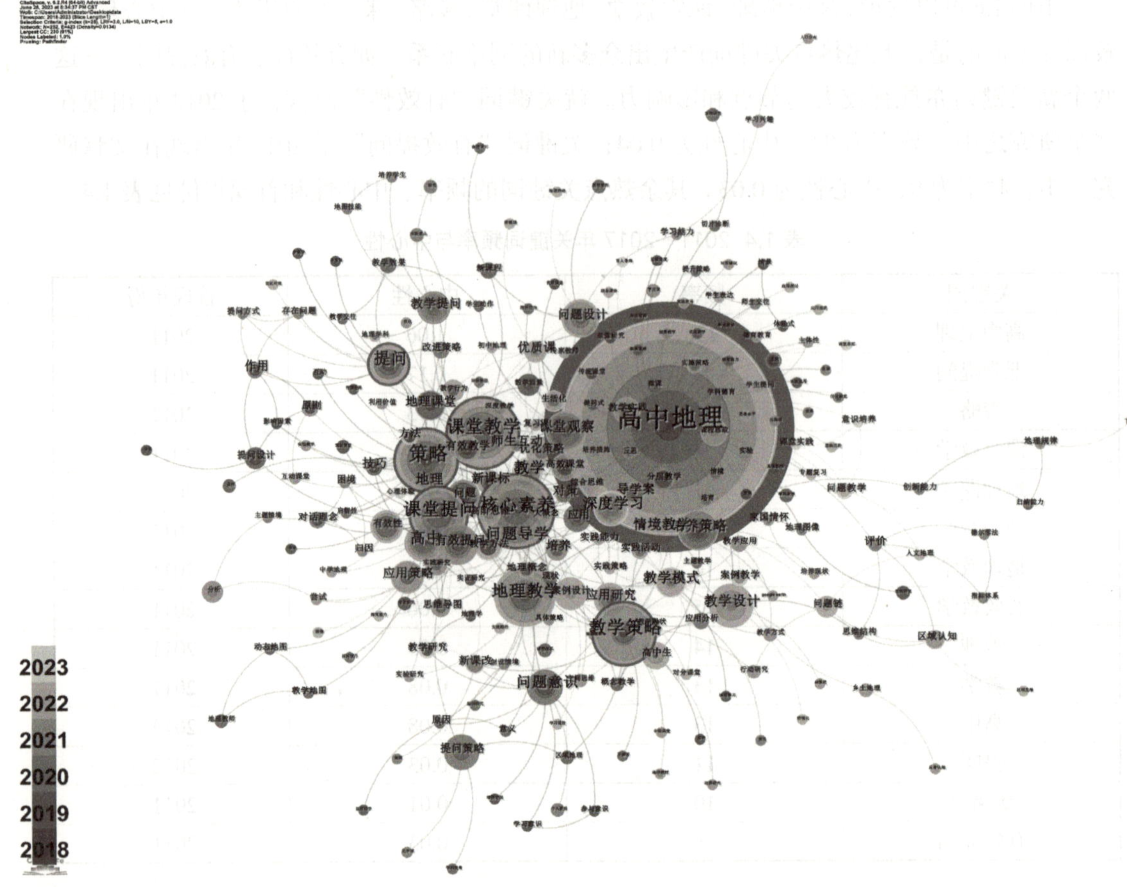

图 1.7 2018—2023 年我国高中地理课堂提问研究热点可视化图

由图 1.7 可知，高中地理、课堂教学、地理课堂、策略、课堂教学依然处于中心环节，此时核心素养、教学设计、教学策略等关键词成为研究热点。地理提问沿着有效提问原有路径进一步往问题意识、提问策略、问题设计等方向发展。其中，热点关键词“问题设计”的频率是 14，中心性为 0.06；“问题意识”的频率为 13，中心性是 0.1；“提问策略”的频率是 11，中心性为 0.03；“问题导学”的频率为 8，中心性是 0.03。其余热点关键词的频率、中心性和首现年份见表 1.5。

表 1.5 2018—2023 年关键词频率与中心性

关键词	频率	中心性	首现年份
高中地理	427	1.18	2018
核心素养	56	0.16	2018
课堂教学	47	0.14	2018
策略	41	0.15	2018
地理教学	40	0.09	2018
教学策略	34	0.14	2018

续上表

关键词	频率	中心性	首现年份
课堂提问	31	0.15	2018
教学设计	21	0.05	2018
高中	20	0.05	2018
培养策略	20	0.09	2018
课堂观察	20	0.08	2018
教学提问	17	0.05	2018
有效提问	15	0.03	2018
提问	14	0.12	2018
问题设计	14	0.06	2019
问题意识	13	0.1	2018
深度学习	13	0.04	2019
有效性	12	0.01	2018
应用研究	12	0.01	2018
应用策略	11	0.08	2018
教学模式	11	0.04	2018
教学	11	0.03	2019
情境教学	11	0.05	2019
提问策略	11	0.03	2019

在表 1.5 中，“问题设计”“问题意识”作为热点关键词在 2018 年首现于相关文献中；“提问策略”则于 2019 年首现于相关文献中。对比第二阶段，“课堂提问”和“有效提问”频率有所下降，但“问题设计”“问题意识”“提问策略”“问题导学”等关于地理问题具体方向的关键词开始出现且累积不少数量。

（6）研究热点时区分布。

研究热点时区分布是将各阶段研究热点以时间为线索进行串联，极具直观性、逻辑性地展现研究热点的变化和相互间的影响与联系。其中，词语节点首次被引用的时间，被放置于不同的时区当中。最后，用研究热点时区分布图将上述各阶段研究热点主题以时间为主线进行梳理，可以清晰发现研究热点首次被引时间和联系，如可以清晰发现“课堂提问”于 2007 年首次被引。除此之外，还可直观知道研究热点在各年是如何变迁的，如在前些年地理教学以“课堂提问、有效提问、问题设计”等为研究热点，转至 2017 年地理教学的“核心素养”首次被引，且成为往后地理教学的研究热点。1999—2023 年我国高中地理课堂提问研究热点时区分布如图 1.8 所示。

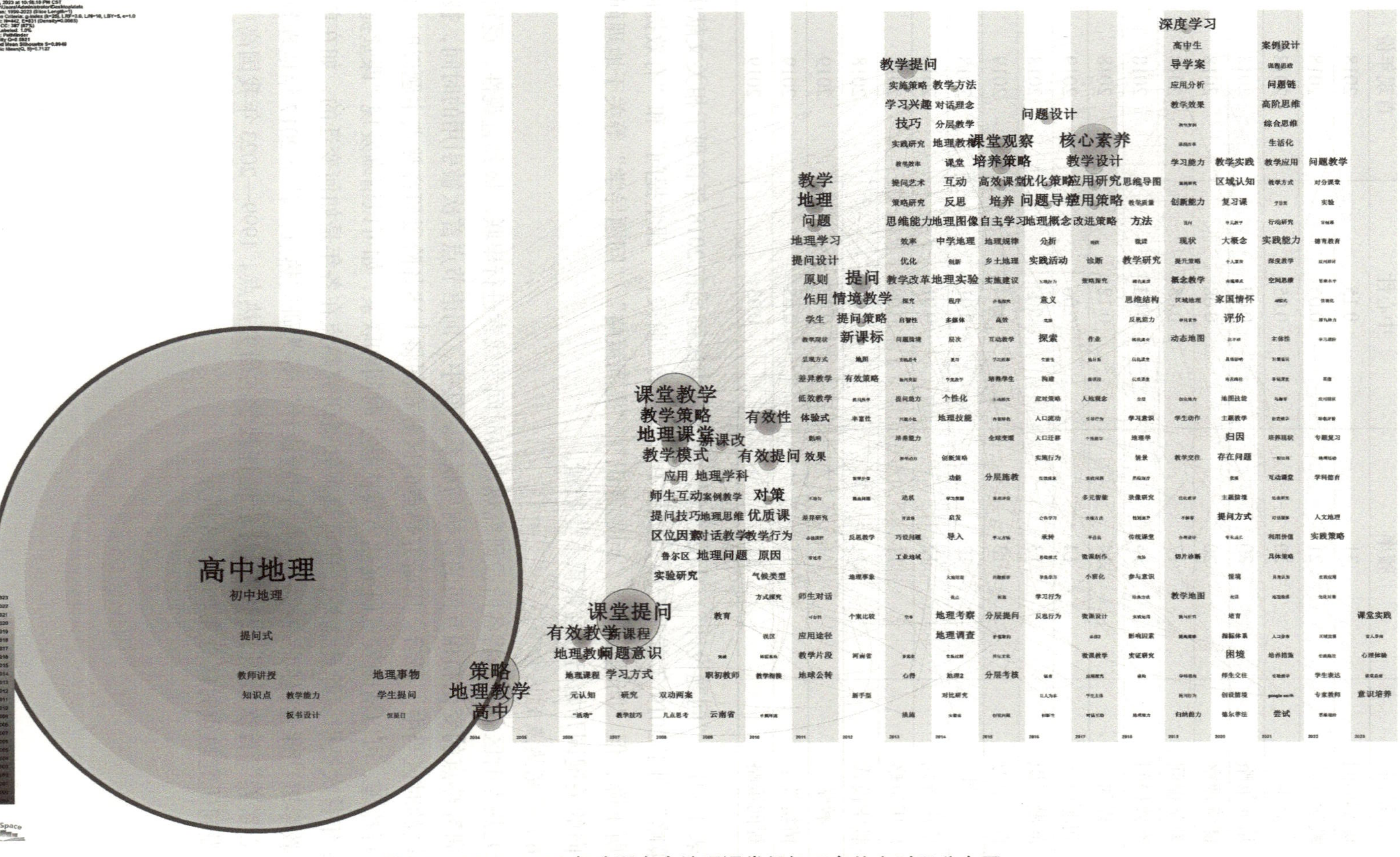

图 1.8 1999—2023 年我国高中地理课堂提问研究热点时区分布图

2. 微观视角

国内学者关于高中地理课堂有效提问的研究可归纳为课堂提问类型、课堂提问功能、课堂提问的有效性、课堂提问存在的问题和课堂提问的策略研究五个方面。

（1）课堂提问类型。

王晓（2012）根据高中地理的学科特点，将高中地理课堂提问归纳为记忆、观察、理解、应用和评价五种类型。柳玲（2016）在对高中地理课堂问题设计时将问题划分为识记型、理解型、运用型、分析型、综合型和评价型。程蒙蒙（2017）将高中不同教龄地理教师的课堂提问类型归纳为描述性问题、判断性问题、论证性问题、归纳性问题和操作性问题。此外全莉娟根据问题性质将问题划分为启发诱导、突出强调等类型；根据问题内容将问题划分为知识、理解、应用、分析等类型；根据提问方式将其划分为开放性和封闭性提问。

（2）课堂提问功能。

姚安娣（1998）指出课堂提问一方面能帮助教师诊断教学，控制课堂秩序，另一方面能启发学生思考和参与讨论等。王晓（2012）指出地理课堂提问首先具有启发和培养学生的作用，其次具有激励和参与作用，再次具有反馈与调节的作用。霍裕强（2013）指出在高中地理教学中有效提问能产生启迪学生思维，激发学生兴趣，培养学生创新精神和提高学生综合素质等作用。

（3）课堂提问的有效性。

对于课堂提问的有效性研究，国内学者主要从有效提问的概念、有效提问的原则和有效提问的评价指标三个维度进行研究，具体内容见表 1.6、表 1.7 和表 1.8。

表 1.6 课堂有效提问的概念界定

维度	人物	主要观点
概念界定	王晓（2012）	有效的地理课堂提问能够激发学生学习地理的兴趣，启发学生思维，促进师生之间互动交流，并及时反馈信息，有效地提高课堂教学效果
	柳玲（2016）	有效的地理课堂提问，语言表达应简洁明了，以学生为主体，以学生的终身发展为终极目标，能够让学生自主思考，积极参与讨论交流，能够启迪学生思维，并产生良好教学效果
	程蒙蒙（2017）	有效的地理课堂提问根据中学地理课程标准和学习目标，按照学生的认知规律，在课前精心设计课堂中的问题，并在课堂中营造良好的问题情境，调动学生的积极性，激发学生解决问题的创造性，让学生独立或者合作解决地理问题，最终促进学生地理核心素养的发展
	刘建平（2017）	有效的地理课堂提问既要注重问题本身，也要关注师生互动、学生发展和教学目标达成度等，应做到紧扣教学目标、符合学生认知、问题类型多样、注重情境创设、关注核心素养、调动学生参与、积极有效互动、发展地理思维等
	赵伟伟（2018）	有效的地理课堂提问包括课堂教学问题的设计、课堂提问的实施和课堂提问的评价三个层级，通过有效提问促进学生地理学习，培养学生区域认知、综合思维、人地协调和地理实践力等核心素养

续上表

维度	人物	主要观点
	黄文斌（2018）	有效的地理课堂提问以地理课程标准为根本来源，把学生已有的认知结构和知识储备作为出发点，结合教学内容难易，针对各层次学生的特征，制定问题链，并通过课堂发问、候答、叫答、评价反馈等互动过程的实施和调整，有序推进学生地理逻辑思维能力的升级进阶

表 1.7 课堂有效提问的原则

维度	人物	主要观点
原则	刘金承（2006）	有的放矢原则、适时原则、启发性原则、拓展性原则、图文相结合原则、重思维过程原则、忌提问过频原则、讲评原则
	王晓（2012）	启发性原则、趣味性原则、适时性原则、层次性原则、针对性原则、探究性原则
	柳玲（2016）	目的性与主题性相统一、整体性和层次性相统一、趣味性和探究性相统一。此外符合课标要求和学生的认知水平；表述清晰准确，贴近生活实际；难度适中，具有系统性、挑战性；激发兴趣、启迪思维，具有探讨意义
	刘建平（2017）	目标性原则、地理性原则、发展性原则、科学性原则、针对性原则

表 1.8 课堂有效提问的评价指标

维度	人物	主要观点
评价指标	汪汉旗（2011）	能够达成一个或更多的教学目标，关注学科主干知识，促进学生在规定的认知水平上思考，有清晰科学的表述方式
	刘建平（2017）	划分为 3 个一级指标，14 个二级指标。 一级指标①课堂问题设计，对应二级指标：A. 紧扣教学目标 ,B. 符合学生认知，C. 创设问题情境，D. 问题类型多样，E. 问题关联度高。 一级指标②课堂提问实施，对应二级指标：A. 提问表述准确，B. 关注全体学生，C. 参与效果好，D. 互动质量高，E. 学生回答认知高，F. 指向核心素养。 一级指标③课堂提问反馈，对应二级指标：A. 倾听鼓励学生，B. 耐心有效引导，C. 答案总结升华
	程蒙蒙（2017）	划分为 3 个一级指标，8 个二级指标。 一级指标①教师课堂提问预设的有效性，对应二级指标：A. 提问问题有效，B. 语言有效，C. 提问对象有针对性。 一级指标②教师课堂提问实施有效性，对应二级指标：A. 提问方式恰当，B. 候答时间合理，C. 理答方式有效。 一级指标③课堂提问效果有效性，对应二级指标：A. 学生回答有效，B. 师生互动良好
	黄文斌（2018）	划分为 4 个一级指标，15 个二级指标。 一级指标①问题链设计，对应二级指标：A. 教学目标，B. 数量层次，C. 结构梯度，D. 问题复杂度。 一级指标②发问，对应二级指标：A. 表述方式，B. 目的指向，C. 语音语态。 一级指标③候答与叫答，对应二级指标：A. 思考时间，B. 提示指导，C. 答问对象，D. 答问时间。 一级指标④评价与反馈，对应二级指标：A. 答问评价，B. 追问引导，C. 全体参与，D. 学生提问和总结外化

高中地理课堂有效提问的有效性如何界定呢？上述学者对课堂提问有效性的界定均侧重于提问的效益，有效的提问能对学生产生良好的效益，即教师通过提问能启迪学生思维，促进学生思考，调动解决问题的积极性。近些年来（特别是 2017 年以来），地理课堂的有效提问逐步体现出本学科的特色和教学新课标，在设立提问之前应思考提问是否有助于培养学生的人地协调观、综合思维、区域认知和地理实践力，有序推进学生地理逻辑思维能力的进阶。

那么，在高中地理课堂中设立有效的提问应依据哪些原则呢？总的来说，在地理课堂设立提问时应符合目标性原则、地理性原则、适时性原则、启发性原则、层次性原则、针对性原则、探究性原则和发展性原则。其中，目标性原则、启发性原则、探究性原则和发展性原则反映出了提问应以效益为向导，因此这四项原则可以归结为效益性原则；适时性原则、层次性原则、针对性原则反映出提问是否全面考虑到学生的实际客观情况，所以这三项原则又可以归结为充分性原则。

在理清高中地理课堂有效提问的概念，知晓有效提问的设置需要符合相应的原则之后，需要了解评判有效提问的具体指标有哪些？综合上述学者的研究成果，可将有效提问的评价指标划分为一级指标和相应的二级指标。概而言之，一级指标的设计应更多关注问题的设计、问题的实施和问题的回应、反馈，二级指标的内容需要和一级指标紧密对应，并且对二级指标的内容进行概要性阐述。至于各指标的权重分配可采用德尔菲法进行采集，并结合层次分析法探究权重分配的合理性和科学性。

（4）课堂提问存在的问题。

王娟（2014）在对高中地理课堂有效提问进行策略研究的时候，指出课堂提问存在的主要问题有五方面，分别是课堂提问缺乏深度、广度，对学生的启发性不大；学生的参与度不高；待答时间短，评价过于简单；开放性问题少；缺少课堂生成性问题。王洪玲（2014）在研究 SOLO 分类理论下高中地理课堂有效提问的策略时，通过调查研究发现高中地理课堂提问存在课堂提问评价缺乏理论支撑；提问设计缺乏层次性；教师对答案的预测度低；教师对学情把握度低和对课后反思的重视度低等问题。郭永馨（2016）将地理核心素养和高中地理课堂教学提问联结起来，研究发现地理课堂教学提问存在课堂提问涉及的要素综合多，时空综合及地方综合少；课堂提问培养学生认识区域多，培养区域观念的问题少；课堂提问对人地观念的培养分布不均，人地协调观念培养不足；课堂提问对地理实践能力的培养明显较弱；课堂提问无情境或假设情境多，真实情境少等问题。

（5）课堂提问的策略研究。

孙璋林（2014）指出高中地理课堂教学提问应直观展示，实现化难为易；形象表达，激活学生思维；创设情境，增强提问效果；分层设计，体现因材施教的策略。王琛（2017）提出地理核心素养下高中地理课堂教学在设置提问之前，应明确好教学目标；通过有效提问，调节课堂教学氛围；准确把握提问时机，有针对性讲解问题；因材施教，设计多样化问题；课堂问题应注重联系实际生活和问题设计循序渐进的策略。黄文斌（2018）对高中地理有效提问从五大方面提出改进策略，第一是问题链设计应整体筹划，重视高层思维发展；第二是在发问之时减量提质，增强提问的开放性；第三是候答与叫答做到指向思考，注意叫答的选择性；第四是在评价与反馈环节，要改善表达，促进元认知监控；第五是在教学反思环节需要重视教研，自觉加强理论运用。

三、对已有研究的思考

综合上述可知国内外学者对课堂提问的类型、功能、有效性、存在的问题和问题解决的策略都有相应的研究，但是就高中地理课堂教学有效提问的研究而言，存在三大方面的不足。首先，虽然国内学者对高中地理课堂教学有效提问的概念进行了相应界定，也构建起了相应的评价体系，然而并没有对有效提问所达到的层级（成效）进行明确的划分。例如，当依据相应的评价体系计算出某位教师在地理课堂有效提问的总得分为 88 分，那么该分值属于哪个层级呢——属于优秀，还是良好，抑或是中等？因此有必要划分好有效提问得分所属的层级，如 90 ~ 100 分属于优秀，80 ~ 89 分属于良好，70 ~ 79 分属于中等，60 ~ 69 分属于及格，60 分以下属于不及格，以达到更好区分提问所取得效果的目的。当然得分所属的层级可根据地方的实际教学情况进行灵活改变。

其次，未能构建起具有高中地理特色的体系性的有效提问评价体系。虽然国内学者构建了高中地理课堂提问的原则和评价指标，但是目前的评价体系较少将体现高中地理教学的目标、构建原则、评价指标三者要素进行高度联合，简要图示如图 1.9 所示。

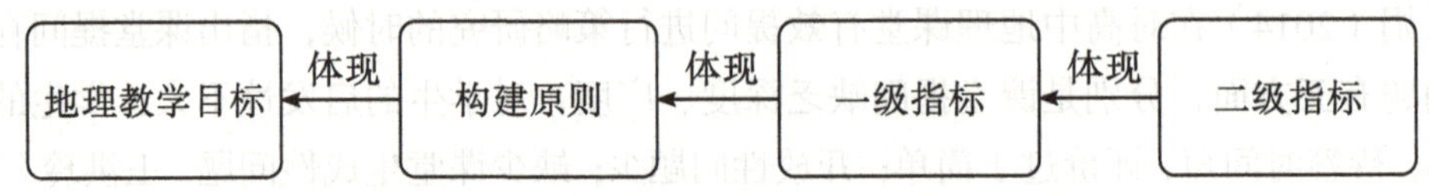

图 1.9 高中地理课堂有效提问评价体系简要逻辑图

再次，至今我国学者积累了大量关于高中地理课堂有效提问的研究，该类研究更多指向教师的提问，而对学生的提问研究甚少。在以学生为主体的教学过程中，更应该探讨如何实现师生共同的有效提问。

第二章

高中地理课堂教学有效提问评估体系的构建

构建一个科学系统的高中地理课堂教学有效提问评估体系，需要根据特定的评估目标和评估原则，选择合适的评估指标，进而采用适宜的评估方法计算出各指标在评估体系中的权重，权重用以直观显示出每一个指标在体系中的相对重要性。因此，本文高中地理课堂教学有效提问评估体系依据如下路径进行构建。

一、评估体系的构建准备

（一）评估体系的构建原则

系统的高中地理课堂教学有效提问评估体系，首先，要体现全面性原则——即该评估体系中的各指标反映教师课前、课中和课后的提问状况。具体而言，评价体系应展现课前教师问题创设的有效性，课中教师提问实施及提问效果的有效性，以及课后教师提问反思的有效性。

其次，体现针对性原则——即评估体系中各指标既和其他学科具有共同性，又体现地理学科的学科特点，如提问的问题符合地理事物发展规律和学生认知规律，或者要将提问的问题生活情境化，体现乡土地理内容，又抑或借助地理图像等地理信息技术工具进行提问等。

最后，体现可操作性原则——即要让构建的评估体系接地气，源于基层，扎根基层，回归基层。要让一线教师不仅用得上此评估体系，而且易于使用此评估体系，在此基础上能让教师更全面地反思自我在地理课堂提问的不足之处，找到行之有效的提高课堂提问效果的方法。

（二）构建评估体系的工具

工欲善其事，必先利其器，本章节借助“问卷星 APP”“Python”构建高中地理课堂教学有效提问评估体系。其中通过“问卷星 APP”搜集专家对评估体系各指标相互间重要性的观点，同时运用 Python 程序软件以层次分析法为底层逻辑，根据搜集到的数据编写程序代码或者对源代码进行整合修改，计算得出高中地理课堂教学有效提问评估体系各指标的权重。

（三）构建评估体系的方法论

1. 层次分析法

在讲述层次分析法的建模路径之前，需要明白层次分析法的基本原理。现实生活中，被研究的事物作为一个体系往往包含多种因素，而运用层次分析法分析研究的目标，先将研究系统中相互影响、相互作用的因子按照一定的层次进行划分。随后各因子在系统中的作用或者影响力，有必要请一定数量的专家对其在体系中的相对重要性进行定量表示。最后，建立矩阵等数学模型，计算出系统各层次因子相对重要性的权值，并对权值进行排序，以及检验各层级因子单排序和总排序的一致性。只有通过一致性检验，才能说评估体系的数据可靠和可信。

层次分析法建模步骤主要为四步：第一，建立具有渐进梯度的层次结构模型。一般来说，层次结构模型可以分为三个层级，分别是目标层、准则层和方案层。首先，目标层在整个评价体系中起到统筹作用，因此在该层级中只有一个因子，那就是评价体系的目标。其次，准则层是在整个评价体系中起到承上启下的作用，它既是实现目标层的关键环节，又在方案层的拓展中起到引领作用。最后，方案层囊括了实现评价体系目标的具体举措，其可以由多个具体指标构成，这些指标可称为因子层。一般而言，准则层的指标数和方案层所包含的指标数最好不要超过九个，过多的评价指标会加大相互间的比较难度。较为直观简易的层次结构模型见表 2.1。

表 2.1 层次分析法基本的结构框架

	一级指标（准则层）	二级指标（方案层）
目标层	准则层 L_1	方案层 L_{11}
		方案层 L_{12}
		方案层 L_{13}
	准则层 L_2	方案层 L_{21}
		方案层 L_{22}
		方案层 L_{23}
	准则层 L_3	方案层 L_{31}
		方案层 L_{32}
		方案层 L_{33}

第二，构建判断矩阵。此步骤主要对准则层和方案层指标的相对重要性进行两两比

较，以表 2.1 为例，需要比较准则层 L_1 和 L_2、L_1 和 L_3、L_2 和 L_3 之间的重要性。同时比较隶属于准则层 L_1 的方案层 L_{11} 和 L_{12}、L_{11} 和 L_{13}、L_{12} 和 L_{13} 之间的重要性；比较隶属于准则层 L_2 的方案层 L_{21} 和 L_{22}、L_{21} 和 L_{23}、L_{22} 和 L_{23} 之间的重要性；比较隶属于准则层 L_3 的方案层 L_{31} 和 L_{32}、L_{31} 和 L_{33}、L_{32} 和 L_{33} 之间的重要性。引用 1~9 和相应的倒数标度直观量化两两指标的对比结果，如若 L_1 比 L_2 明显重要，则用数字 3（$L_1 : L_2=3$，前者：后者）进行标度；反之，若 L_2 比 L_1 明显重要，则用数字 $\frac{1}{3}$ 进行标度（$L_2 : L_1=\frac{1}{3}$，后者：前者）。具体的标度原则见表 2.2。

表 2.2 层次分析法下两指标重要性标度

标度	$L_m : L_n$	标度	$L_m : L_n$	标度	$L_m : L_n$
1	同等重要	2	介于之间	3	略微重要
3	略微重要	4	介于之间	5	重要
5	重要	6	介于之间	7	重要得多
7	重要得多	8	介于之间	9	绝对重要

表 2.2 中标度 2 表示重要性在 1 到 3 之间，4 表示重要性在 3 到 5 之间，6 表示重要性在 5 到 7 之间，8 表示重要性在 7 到 9 之间。

第三，进行层次单排序及一致性检验。首先，层次单排序为在判断矩阵中，相对于上一层而言，本层次各因素重要性的排序权值，如以表 2.1 为例，相对于目标层而言，经归一化处理计算准则层 $L_{\cdot 1}$、$L_{\cdot 2}$、$L_{\cdot 3}$ 三因子在准则层排序权值，可称之为层次单排序。此外，需要对矩阵进行一致性检验，当且仅当矩阵的最大特质值 λ_{max} 和矩阵阶数 n 相等的时候，可认为该矩阵为一致性矩阵。当 λ_{max} 大于 n 的时候，矩阵存在不一致性，当两者的差值越大，矩阵的非一致性越为明显。因此，为避免判断矩阵结果出现不一致的情况，有必要对判断矩阵进行一致性检验，一致性检验的公式为：$CR=\frac{CI}{RI}=\frac{\lambda_{max}-n}{(n-1)RI}$，其中 RI 为平均随机一致性指标，该指标可通过查表获得。经查表可知 3 阶矩阵的 RI 值是 0.58，4 阶矩阵的 RI 值是 0.90。当且仅当 $CR<0.1$ 的时候，可以认为该矩阵通过一致性检验。

第四，进行层次总排序及一致性检验。判断矩阵通过层次单排序与一致性检验之后，还需要对判断矩阵的总排序进行综合考虑与检验。层次总排序及一致性检验公式为：$CR=\frac{\sum_{i=1}^{n} CI_i A_i}{\sum_{i=1}^{n} RI_i A_i}$，其中 CI_i，A_i，RI_i 在进行层次单排序及一致性检验的时候算得。

2. 德尔菲专家咨询法

本文以高中地理课堂教学有效提问评估体系为依托，在问卷星中设置评估体系指标重要性对比题项，邀请 16 名深耕高中地理课堂教学的一线教师对评估体系各指标的重要性进行标度，从而采集高中地理课堂教学有效提问评估体系各指标相对重要性数值。各指标标度数值为 1 到 9 的正整数，若存在倒数则取 1 到 9 的倒数，具体标度原则见表 2.2。此外，各指标标度的最终结果为评价总分的平均值，若平均分为小数，采用四舍五入法取整数值，如 16 名教师对指标 1 的评价总分为 33 分，那么平均值为 2.06 分，因此四舍五入法下指标 1 最终取值为 2 分。

二、层次分析法下高中地理课堂教学有效提问评估体系

以第一章的文献综述为理论之基，结合层次分析法，构建起以下高中地理课堂教学有效提问评估体系，见图 2.1。

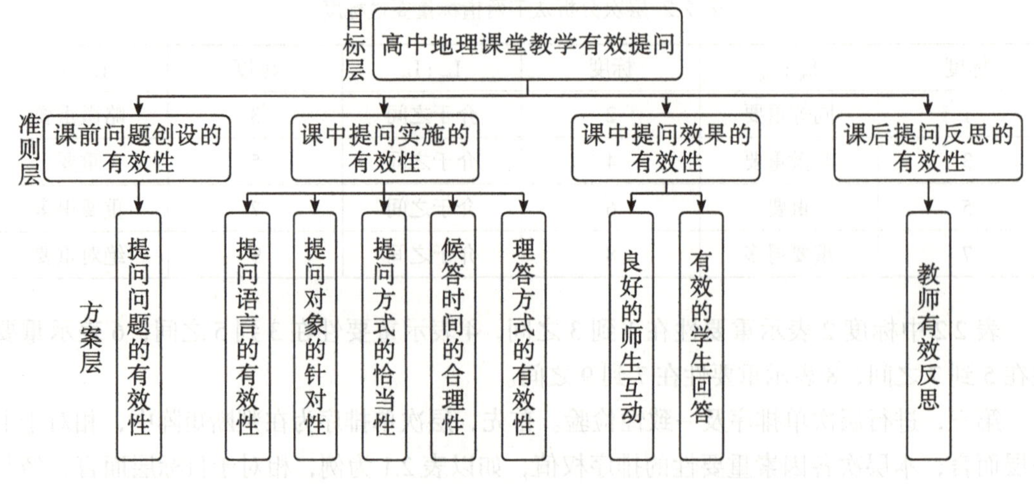

图 2.1 高中地理课堂教学有效提问评估体系

该评价体系的目标层为实现高中地理课堂教学有效提问。准则层有四项，分别为：①课前问题创设的有效性；②课中提问实施的有效性；③课中提问效果的有效性；④课后提问反思的有效性。同时，各准则层又有相对应的方案层，其中准则层第一项“课前问题创设的有效性”的方案层为“提问问题的有效性”。准则层第二项“课中提问实施的有效性”的方案层为“提问语言的有效性”“提问对象的针对性”“提问方式的恰当性”“候答时间的合理性”和“理答方式的有效性”。准则层第三项“课中提问效果的有效性”的方案层为“良好的师生互动”和“有效的学生回答”。准则层第四项“课后提问反思的有效性”的方案层为“教师有效反思”。尔后明确各方案层的具体评价指标：

（1）提问问题有效性的具体评价指标有：①问题设计突出高中地理教程的重点和难点；②问题层次化，符合地理事物发展规律和学生认知规律；③问题生活情境化，体现乡土地理内容；④问题类型多样化；⑤问题具有启发性；⑥借助地理图像等地理信息技术工具进行提问。

（2）提问语言有效性的具体评价指标有：①提问表述准确、科学，特别地理专业术语要准确；②提问语言清晰、流畅；③语言表达丰富，有表现力和感染力。

（3）提问对象针对性的具体评价指标有：①提问面向全体学生，做到公平公正；②根据问题类型选择合适的学生，考虑学生之间的差异性。

（4）提问方式恰当性的具体评价指标有：①先提问，后叫答；②提问范围明确、具体；③创设问题情境，让学生参与。

（5）候答时间合理性的具体评价指标有：①候答时间充足；②候答时间与问题难易程度相匹配；③充分灵活运用候答时间观察学生。

（6）理答方式有效性的具体评价指标有：①认真倾听学生回答，不打断学生回答；②注重引导和探究；③根据不同的问题类型采用多样化的理答方式；④积极评价和给予学生鼓励性评价。

（7）良好的师生互动的具体评价指标有：①学生积极回答问题；②教师引导和鼓励学生参与；③学生兴趣浓厚，融入课堂，积极讨论，思维活跃。

（8）有效的学生回答的具体评价指标有：①学生清晰地表达，不含糊和不产生歧义；②学生准确回答问题，有深度和广度；③激发学生地理核心素养。

（9）课后反思有效性的具体评价指标有：①课后及时反思总结，并提炼经验；②课堂提问艺术、技能提升。

综上所述，层次分析法下的高中地理课堂教学有效提问的评价框架可见表 2.3。

表 2.3 高中地理课堂教学有效提问评价体系

目标层	一级指标（准则层）	二级指标（方案层）	具体评价指标（因子层）
高中地理课堂教学有效提问	课前问题创设的有效性 A_1	提问问题的有效性 A_{11}	问题设计突出高中地理教程的重点和难点 A_{111}
			问题层次化，符合地理事物发展规律和学生认知规律 A_{112}
			问题生活情境化，体现乡土地理内容 A_{113}
			问题类型多样化 A_{114}
			问题具有启发性 A_{115}
			借助地理图像等地理信息技术工具进行提问 A_{116}
	课中提问实施的有效性 A_2	提问语言的有效性 A_{21}	提问表述准确、科学，特别地理专业术语要准确 A_{211}
			提问语言清晰、流畅 A_{212}
			语言表达丰富，有表现力和感染力 A_{213}
		提问对象的针对性 A_{22}	提问面向全体学生，做到公平公正 A_{221}
			根据问题类型选择合适的学生，考虑学生之间的差异性 A_{222}
		提问方式的恰当性 A_{23}	先提问，后叫答 A_{231}
			提问范围明确、具体 A_{232}
			创设问题情境，让学生参与 A_{233}
		候答时间的合理性 A_{24}	候答时间充足 A_{241}
			候答时间与问题难易程度相匹配 A_{242}
			充分灵活运用候答时间观察学生 A_{243}

续上表

目标层	一级指标（准则层）	二级指标（方案层）	具体评价指标（因子层）
		理答方式的有效性 A_{25}	认真倾听学生回答，不打断学生回答 A_{251}
			注重引导和探究 A_{252}
			根据不同的问题类型采用多样化的理答方式 A_{253}
			积极评价和给予学生鼓励性评价 A_{254}
高中地理课堂教学有效提问	课中提问效果的有效性 A_3	良好的师生互动 A_{31}	学生积极回答问题 A_{311}
			教师引导和鼓励学生参与 A_{312}
			学生兴趣浓厚，融入课堂，积极讨论，思维活跃 A_{313}
		有效的学生回答 A_{32}	学生清晰地表达，不含糊和不产生歧义 A_{321}
			学生准确回答问题，有深度和广度 A_{322}
			激发学生地理核心素养 A_{323}
	课后提问反思的有效性 A_4	教师有效反思 A_{41}	课后及时反思总结，并提炼经验 A_{411}
			课堂提问艺术、技能提升 A_{412}

（一）一级指标权重及一致性检验

1. 一级指标权重

先令一级指标“课前问题创设的有效性”为 A_1，“课中提问实施的有效性”为 A_2，“课中提问效果的有效性”为 A_3，“课后提问反思的有效性”为 A_4。各指标重要性比值为：

A_1：$A_2 \approx 1.52$，令 A_1：A_2=2，表示“课前问题创设的有效性”较“课中提问实施的有效性”处于同等重要和略微重要之间；

A_1：$A_3 \approx 2.31$，令 A_1：A_3=2，表示“课前问题创设的有效性”较“课中提问效果的有效性”处于同等重要和略微重要之间；

A_1：$A_4 \approx 1.94$，令 A_1：A_4=2，表示“课前问题创设的有效性”较“课后提问反思的有效性”处于同等重要和略微重要之间；

A_2：$A_3 \approx 1.88$，令 A_2：A_3=2，表示“课中提问实施的有效性”较“课中提问效果的有效性”处于同等重要和略微重要之间；

A_2：$A_4 \approx 1.88$，令 A_2：A_4=2，表示“课中提问实施的有效性”较“课后提问反思的有效性”处于同等重要和略微重要之间；

A_3：$A_4 \approx 1.94$，令 A_3：A_4=2，表示“课中提问效果的有效性”较“课后提问反思的有效性”处于同等重要和略微重要之间。

以上述数据构建一级指标矩阵，结果见表 2.4。

表 2.4 一级指标矩阵

A	A_1	A_2	A_3	A_4
—	1	2	2	2
—	1/2	1	2	2
—	1/2	1/2	1	2
—	1/2	1/2	1/2	1
列总和	5/2	4	11/2	7

进而对表 2.4 的数据进行归一化处理，处理结果见表 2.5。

表 2.5 一级指标归一化处理结果

A	A_1	A_2	A_3	A_4
—	0.400	0.500	0.364	0.286
—	0.200	0.250	0.364	0.286
—	0.200	0.125	0.182	0.286
—	0.200	0.125	0.091	0.143

最后将表 2.5 每一行元素的值相加求平均值，可求得每项一级指标的权重，具体结果见表 2.6。

表 2.6 一级指标权重和排序

A	指标权重	排序
A_1	0.388	1
A_2	0.275	2
A_3	0.198	3
A_4	0.140	4
总和	1.001	—

由表 2.6 可知，“课前问题创设的有效性（A_1）”在高中地理课堂教学有效提问评价体系中的权重最大，为 0.388；其次为“课中提问实施的有效性（A_2）”和“课中提问效果的有效性（A_3）”，权重分别为 0.275 和 0.198；最后为“课后提问反思的有效性（A_4）”，权重为 0.140。

2. 一致性检验

首先，一级指标矩阵的最大特征值 λ_{max}=4.121 3，矩阵的阶数 n=4，同时查表可得，4 阶矩阵的平均随机一致性指标 RI=0.90。最终算得

$$CI=\frac{\lambda_{max}-n}{n-1}=0.040$$

$$CR=\frac{CI}{RI}=\frac{\lambda_{max}-n}{(n-1)RI}=0.045$$

因为 $CR=0.045<0.10$，所以该评价体系的一级指标通过一致性检验，一级指标权重值具有有效性。

（二）二级指标权重及一致性检验

1. 课中提问实施有效性的二级指标及一致性检验

（1）课中提问实施有效性的二级指标。

二级指标中，属于“课中提问实施的有效性（A_2）”一级指标的二级指标有五个，分别为：“提问语言的有效性”“提问对象的针对性”“提问方式的恰当性”“候答时间的合理性”“理答方式的有效性”。

同样令“提问语言的有效性”为A_{21}，“提问对象的针对性”为A_{22}，“提问方式的恰当性”为A_{23}，“候答时间的合理性”为A_{24}，“理答方式的有效性”为A_{25}。各指标重要性比值为：

A_{21}：$A_{22} \approx 2.69$，令A_{21}：$A_{22}=3$，表示“提问语言的有效性”较“提问对象的针对性”略微重要；

A_{21}：$A_{23} \approx 2.31$，令A_{21}：$A_{23}=2$，表示“提问语言的有效性”较“提问方式的恰当性”处于同等重要与略微重要之间；

A_{21}：$A_{24} \approx 2.38$，令A_{21}：$A_{24}=2$，表示“提问语言的有效性”较“候答时间的合理性”处于同等重要与略微重要之间；

A_{21}：$A_{25} \approx 2.88$，令A_{21}：$A_{25}=3$，表示“提问语言的有效性”较“理答方式的有效性”略微重要；

A_{22}：$A_{23} \approx 2.63$，令A_{22}：$A_{23}=3$，表示“提问对象的针对性”较“提问方式的恰当性”略微重要；

A_{22}：$A_{24} \approx 2.63$，令A_{22}：$A_{24}=3$，表示“提问对象的针对性”较“候答时间的合理性”略微重要；

A_{22}：$A_{25} \approx 2.5$，令A_{22}：$A_{25}=3$，表示“提问对象的针对性”较“理答方式的有效性”略微重要；

A_{23}：$A_{24}=2$，表示“提问方式的恰当性”较“候答时间的合理性”处于同等重要与略微重要之间；

A_{23}：$A_{25} \approx 2.31$，令A_{23}：$A_{25}=2$，表示“提问方式的恰当性”较“理答方式的有效性”处于同等重要与略微重要之间；

A_{24}：$A_{25} \approx 2.38$，令A_{24}：$A_{25}=2$，表示“候答时间的合理性”较“理答方式的有效性”处于同等重要与略微重要之间。与此同时，将上述数据汇总成矩阵，见表2.7。

表 2.7 课中提问实施有效性二级指标矩阵

A_2	A_{21}	A_{22}	A_{23}	A_{24}	A_{25}
A_{21}	1	3	2	2	3
A_{22}	1/3	1	3	3	3
A_{23}	1/3	1/3	1	2	2
A_{24}	1/2	1/3	1/2	1	2

续上表

A_{25}	1/3	1/3	1/2	1/2	1
列总和	5/2	5	7	17/2	11

进而，对表 2.7 的数据进行归一化处理，结果见表 2.8。

表 2.8 课中提问实施有效性二级指标归一化处理结果

A_2	A_{21}	A_{22}	A_{23}	A_{24}	A_{25}
A_{21}	0.400	0.600	0.289	0.235	0.273
A_{22}	0.133	0.200	0.429	0.353	0.273
A_{23}	0.133	0.067	0.143	0.235	0.182
A_{24}	0.200	0.067	0.071	0.118	0.182
A_{25}	0.133	0.067	0.071	0.059	0.091

继而将表 2.8 每一行元素的值相加求平均值，可求得每项二级指标的权重，具体结果见表 2.9。

表 2.9 课中提问实施有效性二级指标权重和排序

A_2	指标权重	排序
A_{21}	0.359	1
A_{22}	0.278	2
A_{23}	0.152	3
A_{24}	0.128	4
A_{25}	0.084	5
总和	1.001	—

从表 2.9 可以发现，课中提问实施有效性二级指标中的“提问语言的有效性”排位第一，权重值为 0.359；

课中提问实施有效性二级指标中的“提问对象的针对性”排位第二，权重值为 0.278；

课中提问实施有效性二级指标中的“提问方式的恰当性”排位第三，权重值为 0.152；

课中提问实施有效性二级指标中的“候答时间的合理性”排位第四，权重值为 0.128；

课中提问实施有效性二级指标中的“理答方式的有效性”排位第五，权重值为 0.084；

（2）课中提问实施有效性二级指标一致性检验。

课中提问实施有效性二级指标矩阵的最大特征值 λ_{max}=5.268 5，矩阵的阶数 n=5，同时查表可得，5 阶矩阵的平均随机一致性指标 RI=1.12。最终算得：

$$CI=\frac{\lambda_{max}-n}{n-1}=0.067$$

$$CR=\frac{CI}{RI}=\frac{\lambda_{max}-n}{(n-1)RI}=0.060$$

由于 CR=0.060<0.10，所以该评价体系的二级指标通过一致性检验，权重值具有有效性。

2. 课中提问效果有效性的二级指标及一致性检验

（1）课中提问效果有效性的二级指标。

归属于“课中提问效果的有效性（A_3）”一级指标的二级指标有两个，分别为“良好的师生互动”和“有效的学生回答”。

同样将“良好的师生互动”定义为A_{31}，“有效的学生回答”为A_{32}。各指标重要性比值为：A_{31}：A_{32} ≈ 2.44，令A_{31}：A_{32}=2，表示“良好的师生互动”较“有效的学生回答”处于同等重要与略微重要之间。因此，课中提问效果有效性的二级指标矩阵见表2.10。

表2.10 课中提问效果有效性的二级指标矩阵

A_3	A_{31}	A_{32}
A_{31}	1	2
A_{32}	1/2	1
列总和	3/2	3

进一步对表2.10的数据做归一化处理，结果见表2.11。

表2.11 课中提问效果有效性二级指标归一化处理结果

A_3	A_{31}	A_{32}
A_{31}	0.667	0.667
A_{32}	0.333	0.333

最后将表2.11每一行元素的值相加求平均值，可求得每项二级指标的权重，具体结果见表2.12。

表2.12 课中提问效果有效性二级指标权重和排序

A_3	指标权重	排序
A_{31}	0.667	1
A_{32}	0.333	2
总和	1.000	—

依表2.12可知，课中提问效果有效性二级指标中的“良好的师生互动”权重值为0.667，排序第一。而“有效的学生回答”权重为0.333，排序第二。

（2）课中提问效果有效性二级指标一致性检验。

课中提问效果有效性二级指标矩阵最大特征值λ_{max}=2，阶数为2，且RI=0，所以易知矩阵通过一致性检验。

（三）具体评价指标及一致性检验

1. 提问问题有效性的具体评价指标及一致性检验

（1）提问问题有效性的具体评价指标。

从属于“提问问题的有效性（A_{11}）”二级指标的具体评价指标有“问题设计突出高中

地理教程的重点和难点”“问题层次化，符合地理事物发展规律和学生认知规律”“问题生活情境化，体现乡土地理内容”“问题类型多样化”“问题具有启发性”“借助地理图像等地理信息技术工具进行提问”。

令“问题设计突出高中地理教程的重点和难点”为A_{111}，“问题层次化，符合地理事物发展规律和学生认知规律”为A_{112}，“问题生活情境化，体现乡土地理内容”为A_{113}，“问题类型多样化”为A_{114}，“问题具有启发性”为A_{115}，“借助地理图像等地理信息技术工具进行提问”为A_{116}。各指标数据重要性比值为：

A_{111}：$A_{112}\approx 2.75$，令A_{111}：A_{112}=3，表示“问题设计突出高中地理教程的重点和难点”较“问题层次化，符合地理事务发展规律和学生认知规律”略微重要；

A_{111}：$A_{113}\approx 1.88$，令A_{111}：A_{113}=2，表示“问题设计突出高中地理教程的重点和难点”较“问题生活情境化，体现乡土地理内容”处于同等重要和略微重要之间；

A_{111}：$A_{114}\approx 2.44$，令A_{111}：A_{114}=2，表示“问题设计突出高中地理教程的重点和难点”较“问题类型多样化”处于同等重要和略微重要之间；

A_{111}：$A_{115}\approx 2.31$，令A_{111}：A_{115}=2，表示“问题设计突出高中地理教程的重点和难点”较“问题具有启发性”处于同等重要和略微重要之间；

A_{111}：$A_{116}\approx 2.69$，令A_{111}：A_{116}=3，表示“问题设计突出高中地理教程的重点和难点”较“借助地理图像等地理信息技术工具进行提问”略微重要；

A_{112}：$A_{113}\approx 3.06$，令A_{112}：A_{113}=3，表示“问题层次化，符合地理事物发展规律和学生认知规律”较“问题生活情境化，体现乡土地理内容”略微重要；

A_{112}：$A_{114}\approx 2.81$，令A_{112}：A_{114}=3，表示“问题层次化，符合地理事物发展规律和学生认知规律”较“问题类型多样化”略微重要；

A_{112}：$A_{115}\approx 2.31$，令A_{112}：A_{115}=2，表示“问题层次化，符合地理事物发展规律和学生认知规律”较“问题具有启发性”处于同等重要和略微重要之间；

A_{112}：$A_{116}\approx 2.38$，令A_{112}：A_{116}=2，表示“问题层次化，符合地理事物发展规律和学生认知规律”较“借助地理图像等地理信息技术工具进行提问”处于同等重要和略微重要之间；

A_{113}：$A_{114}\approx 2.56$，令A_{113}：A_{114}=3，表示“问题生活情境化，体现乡土地理内容”较“问题类型多样化”略微重要；

A_{113}：$A_{115}\approx 2.56$，令A_{113}：A_{115}=3，表示“问题生活情境化，体现乡土地理内容”较“问题具有启发性”略微重要；

A_{113}：$A_{116}\approx 1.94$，令A_{113}：A_{116}=2，表示“问题生活情境化，体现乡土地理内容”较“借助地理图像等地理信息技术工具进行提问”处于同等重要和略微重要之间；

A_{114}：$A_{115}\approx 2.25$，令A_{114}：A_{115}=2，表示“问题类型多样化”较“问题具有启发性”处于同等重要和略微重要之间；

A_{114}：$A_{116}\approx 2.25$，令A_{114}：A_{116}=2，表示“问题类型多样化”较“借助地理图像等地

理信息技术工具进行提问”处于同等重要和略微重要之间；

A_{115}：$A_{116}\approx1.75$，令 A_{115}：A_{116}=2，表示“问题具有启发性”较“借助地理图像等地理信息技术工具进行提问”处于同等重要和略微重要之间。

以上述各指标间重要性比值为基础，构建提问问题有效性的具体评价指标矩阵，见表 2.13。

表 2.13 提问问题有效性具体评价指标矩阵

A_{11}	A_{111}	A_{112}	A_{113}	A_{114}	A_{115}	A_{116}
A_{111}	1	3	2	2	2	3
A_{112}	1/3	1	3	3	2	2
A_{113}	1/2	1/3	1	3	3	2
A_{114}	1/2	1/3	1/3	1	2	2
A_{115}	1/2	1/2	1/3	1/2	1	2
A_{116}	1/3	1/2	1/2	1/2	1/2	1
列总和	19/6	17/3	43/6	10	21/2	12

对表 2.13 数据进行归一化处理，结果见表 2.14。

表 2.14 提问问题有效性具体评价指标归一化处理结果

A_{11}	A_{111}	A_{112}	A_{113}	A_{114}	A_{115}	A_{116}
A_{111}	0.316	0.529	0.279	0.200	0.190	0.250
A_{112}	0.105	0.176	0.419	0.300	0.190	0.167
A_{113}	0.158	0.059	0.140	0.300	0.286	0.167
A_{114}	0.158	0.059	0.047	0.100	0.190	0.167
A_{115}	0.158	0.088	0.047	0.050	0.095	0.167
A_{116}	0.105	0.088	0.070	0.050	0.048	0.083

将表 2.14 每一行元素的值相加求平均值，可求得每项具体评价指标的权重，详细结果见表 2.15。

表 2.15 提问问题有效性具体评价指标权重与排序

A_{11}	指标权重	排序
A_{111}	0.294	1
A_{112}	0.226	2
A_{113}	0.185	3
A_{114}	0.120	4
A_{115}	0.101	5
A_{116}	0.074	6
总和	1.000	—

从表 2.15 可知，提问问题有效性具体评价指标中的“问题设计突出高中地理教程的重点和难点”权重为 0.294，排列第一位；

提问问题有效性具体评价指标中的“问题层次化，符合地理事物发展规律和学生认知规律”权重为 0.226，排列第二位；

提问问题有效性具体评价指标中的“问题生活情境化，体现乡土地理内容”权重为 0.185，排列第三位；

提问问题有效性具体评价指标中的“问题类型多样化”权重为 0.120，排列第四位；

提问问题有效性具体评价指标中的“问题具有启发性”权重为 0.101，排列第五位；

提问问题有效性具体评价指标中的“借助地理图像等地理信息技术工具进行提问”权重为 0.074，排列第六位。

（2）提问问题有效性具体评价指标的一致性检验。

提问问题有效性具体评价指标的最大特征值 $\lambda_{max}=6.5902$，矩阵的阶数 $n=6$，查表可得，6 阶矩阵的平均随机一致性指标 $RI=1.24$。最终算得：

$$CI=\frac{\lambda_{max}-n}{n-1}=0.11804$$

$$CR=\frac{CI}{RI}=\frac{\lambda_{max}-n}{(n-1)RI}=0.095$$

因为 $CR=0.095<0.10$，所以可以说该评价体系的具体评价指标权重具有有效性，通过一致性检验。

2. 提问语言有效性的具体评价指标及一致性检验

（1）提问语言有效性的具体评价指标。

属于“提问语言有效性（A_{21}）”的具体评价指标有“提问表述准确、科学，特别地理专业术语要准确”“提问语言清晰、流畅”“语言表达丰富，有表现力和感染力”。

同时令“提问表述准确、科学，特别地理专业术语要准确”为 A_{211}，“提问语言清晰、流畅”为 A_{212}，“语言表达丰富，有表现力和感染力”为 A_{213}。各指标的重要性比值为：

A_{211}：$A_{212}=3$，表示“提问表述准确、科学，特别地理专业术语要准确”较“提问语言清晰、流畅”略微重要；

A_{211}: $A_{213}\approx 2.13$，令 A_{211}: $A_{213}=2$，表示“提问表述准确、科学，特别地理专业术语要准确”较“语言表达丰富，有表现力和感染力”处于同等重要和略微重要之间；

A_{212}：$A_{213}\approx 2.33$，令 A_{212}：$A_{213}=2$，表示“提问语言清晰、流畅”较“语言表达丰富，有表现力和感染力”处于同等重要和略微重要之间。

以上述各指标间重要性比值为基石构建提问语言有效性的具体评价指标矩阵，最终数据见表 2.16。

表 2.16 提问语言有效性具体评价指标矩阵

A_{21}	A_{211}	A_{212}	A_{213}
A_{211}	1	2	2
A_{212}	1/2	1	2

续上表

A_{213}	1/2	1/2	1
列总和	2	7/2	5

并对表 2.16 数据进行归一化处理，处理结果见表 2.17。

表 2.17 提问语言有效性具体评价归一化处理结果

A_{21}	A_{211}	A_{212}	A_{213}
A_{211}	0.500	0.571	0.400
A_{212}	0.250	0.286	0.400
A_{213}	0.250	0.143	0.200

将表 2.17 每一行元素的值相加求平均值，可求得每项具体评价指标的权重，最终结果见表 2.18。

表 2.18 提问语言有效性具体评价指标权重与排序

A_{21}	指标权重	排序
A_{211}	0.490	1
A_{212}	0.312	2
A_{213}	0.198	3
总和	1.000	—

由表 2.18 数据可知，提问语言有效性具体评价指标中的“提问表述准确、科学，特别地理专业术语要准确”权重为 0.490，排列第一；

提问语言有效性具体评价指标中的“提问语言清晰、流畅”权重为 0.312，排列第二；

提问语言有效性具体评价指标中的“语言表达丰富，有表现力和感染力”权重为 0.198，排列第三。

（2）提问语言有效性具体评价指标的一致性检验。

由表 2.16 提问语言有效性具体评价指标矩阵数据，可以算得提问问题有效性具体评价指标的最大特征值 λ_{max}=3.053 6，而矩阵的阶数 n=3，查表可得 3 阶矩阵的平均随机一致性指标 RI=0.58，最终算得：

$$CI=\frac{\lambda_{max}-n}{n-1}=0.026\,8$$

$$CR=\frac{CI}{RI}=\frac{\lambda_{max}-n}{(n-1)RI}=0.046$$

由于 $CR=0.046<0.10$，所以该评价体系的具体评价指标权重具有有效性，通过一致性检验。

3. 提问对象针对性的具体评价指标及一致性检验

（1）提问对象针对性的具体评价指标。

归属于“提问对象针对性（A_{22}）”的具体评价指标有“提问面向全体学生，做到公平公正”“根据问题类型选择合适的学生，考虑学生之间的差异性”。令“提问面向全体学生，做到公平公正”为 A_{221}，“根据问题类型选择合适的学生，考虑学生之间的差异性”为 A_{222}，两个指标重要性比值为：

A_{221}：A_{222} ≈ 2.06，令 A_{221}：A_{222}=2，表示“提问面向全体学生，做到公平公正”较“根据问题类型选择合适的学生，考虑学生之间的差异性”处于同等重要和略微重要之间。提问对象针对性具体评价指标矩阵见表 2.19。

表 2.19　提问对象针对性具体评价指标矩阵

A_{22}	A_{221}	A_{222}
A_{221}	1	2
A_{222}	1/2	1
列总和	3/2	3

现对表 2.19 的矩阵数据进行归一化处理，结果见表 2.20。

表 2.20　提问对象针对性具体评价指标归一化处理结果

A_{22}	A_{221}	A_{222}
A_{221}	0.667	0.667
A_{222}	0.333	0.333

接着将表 2.20 每一行元素的值相加求平均值，可求得每项具体评价指标的权重，结果见表 2.21。

表 2.21　提问对象针对性具体评价指标权重与排序

A_{22}	权重	排序
A_{221}	0.667	1
A_{222}	0.333	2

从表 2.21 可以发现提问对象针对性具体评价指标的“提问面向全体学生，做到公平公正”“根据问题类型选择合适的学生，考虑学生之间的差异性”两个指标权重分别为 0.667 和 0.333。

（2）提问对象针对性具体评价指标的一致性检验。

因为提问对象针对性具体评价指标矩阵最大特征值 λ_{max}=2，阶数为 2，且 RI=0，所以可判断矩阵通过一致性检验。

4. 提问方式恰当性的具体评价指标及一致性检验

（1）提问方式恰当性的具体评价指标。

属于“提问方式恰当性（A_{23}）”的具体评价指标有三，分别是“先提问，后叫答”“提问范围明确、具体”“创设问题情境，让学生参与”。

令“先提问，后叫答”为 A_{231}，“提问范围明确、具体”为 A_{232}，“创设问题情境，让学生参与”为 A_{233}。可得各具体评价指标重要性比值为：

A_{231}：A_{232} ≈ 2.19，令 A_{231}：A_{232}=2，表示“先提问，后叫答”较“提问范围明确、具体”

处于同等重要和略微重要之间。

A_{231}：$A_{233} \approx 2.31$，令 A_{231}：A_{233}=2，表示“先提问，后叫答”较“创设问题情境，让学生参与”处于同等重要和略微重要之间。

A_{232}：$A_{233} \approx 2.21$，令 A_{232}：A_{233}=2，表示“提问范围明确、具体”较“创设问题情境，让学生参与”处于同等重要和略微重要之间。

现将以上数据汇整成提问方式恰当性具体评价指标矩阵，见表 2.22。

表 2.22　提问方式恰当性具体评价指标矩阵

A_{23}	A_{231}	A_{232}	A_{233}
A_{231}	1	2	2
A_{232}	1/2	1	2
A_{233}	1/2	1/2	1
列总和	2	7/2	5

进一步对表 2.22 数据进行归一化处理，结果见表 2.23。

表 2.23　提问方式恰当性具体评价指标归一化处理结果

A_{23}	A_{231}	A_{232}	A_{233}
A_{231}	0.500	0.571	0.400
A_{232}	0.250	0.286	0.400
A_{233}	0.250	0.143	0.200

将表 2.23 每一行元素的值相加求平均值，可求得每项具体评价指标的权重，最后结果见表 2.24。

表 2.24　提问方式恰当性具体评价指标权重与排序

A_{23}	指标权重	排序
A_{231}	0.490	1
A_{232}	0.312	2
A_{233}	0.198	3
总和	1.000	—

根据表 2.24 数据可知，提问方式恰当性具体评价指标中的“先提问，后叫答”权重为 0.490，排序第一；

提问方式恰当性具体评价指标中的“提问范围明确、具体”权重为 0.312，排序第二；

提问方式恰当性具体评价指标中的“创设问题情境，让学生参与”权重为 0.198，排序第三。

（2）提问方式恰当性具体评价指标的一致性检验。

由表 2.23 提问方式恰当性具体评价指标矩阵数据，可以算得提问问题有效性具体评价指标的最大特征值 λ_{max}=3.053 6，同时矩阵的阶数 n=3，查表可知 3 阶矩阵的平均随机一致性指标 RI=0.58，最终算得：

$$CI=\frac{\lambda_{max}-n}{n-1}=0.0268$$

$$CR=\frac{CI}{RI}=\frac{\lambda_{max}-n}{(n-1)RI}=0.046$$

因为 $CR=0.046<0.10$，所以该评价体系的具体评价指标权重具有有效性，通过一致性检验。

5. 候答时间合理性的具体评价指标及一致性检验

（1）候答时间合理性的具体评价指标。

属于“候答时间合理性（A_{24}）”的具体评价指标有“候答时间充足”“候答时间与问题难易程度相匹配”“充分灵活运用候答时间观察学生”。

令“候答时间充足”为 A_{241}，“候答时间与问题难易程度相匹配”为 A_{242}，“充分灵活运用候答时间观察学生”为 A_{243}，各具体评价指标重要性比值为：

A_{241}：$A_{242}\approx 1.81$，令 A_{241}：$A_{242}=2$，表示“候答时间充足”较“候答时间与问题难易程度相匹配”处于同等重要和略微重要之间；

A_{241}：$A_{243}\approx 2.25$，令 A_{241}：$A_{243}=2$，表示“候答时间充足”较“充分灵活运用候答时间观察学生”处于同等重要和略微重要之间；

A_{242}：$A_{243}\approx 2.19$，令 A_{242}：$A_{243}=2$，表示“候答时间与问题难易程度相匹配”较“充分灵活运用候答时间观察学生”处于同等重要和略微重要之间。

将以上数据汇整成候答时间合理性具体评价指标矩阵，见表 2.25。

表 2.25 候答时间合理性具体评价指标矩阵

A_{24}	A_{241}	A_{242}	A_{243}
A_{241}	1	2	2
A_{242}	1/2	1	2
A_{243}	1/2	1/2	1
列总和	2	7/2	5

将表 2.25 数据进行归一化处理，结果见表 2.26。

表 2.26 候答时间合理性具体评价指标归一化处理结果

A_{24}	A_{241}	A_{242}	A_{243}
A_{241}	0.500	0.571	0.400
A_{242}	0.250	0.286	0.400
A_{243}	0.250	0.143	0.200

将表 2.26 每一行元素的值相加求平均值，可求得每项具体评价指标的权重，结果见表 2.27。

表 2.27 候答时间合理性具体评价指标权重与排序

A_{24}	指标权重	排序
A_{241}	0.490	1
A_{242}	0.312	2
A_{243}	0.198	3
总和	1.000	—

从表 2.27 数据可知候答时间合理性具体评价指标中的"候答时间充足"权重为 0.490，排序第一；

候答时间合理性具体评价指标中的"候答时间与问题难易程度相匹配"权重为 0.312，排序第二；

候答时间合理性具体评价指标中的"充分灵活运用候答时间观察学生"权重为 0.198，排序第三。

（2）候答时间合理性具体评价指标的一致性检验。

根据候答时间合理性具体评价指标矩阵数据可以算得该判断矩阵的最大特征值 λ_{max}=3.053 6，此外矩阵的阶数 n=3，查表可知 3 阶矩阵的平均随机一致性指标 RI=0.58，最终算得：

$$CI=\frac{\lambda_{max}-n}{n-1}=0.026\,8$$

$$CR=\frac{CI}{RI}=\frac{\lambda_{max}-n}{(n-1)RI}=0.046$$

由于 $CR=0.046<0.10$，所以该评价体系的具体评价指标权重具有有效性，通过一致性检验。

6. 理答方式有效性的具体评价指标及一致性检验

（1）理答方式有效性的具体评价指标。

从属于"理答方式有效性（A_{25}）"的具体评价指标有"认真倾听学生回答，不打断学生回答""注重引导和探究""根据不同的问题类型采用多样化的理答方式""积极评价和给予学生鼓励性评价"。

使"认真倾听学生回答，不打断学生回答"为 A_{251}，"注重引导和探究"为 A_{252}，"根据不同的问题类型采用多样化的理答方式"为 A_{253}，"积极评价和给予学生鼓励性评价"为 A_{254}。各具体评价指标重要性比值为：

A_{251}：$A_{252}\approx 2.25$，令 A_{251}：A_{252}=2，表示"认真倾听学生回答，不打断学生回答"较"注重引导和探究"处于同等重要和略微重要之间；

A_{251}：$A_{253}\approx 1.81$，令 A_{251}：A_{253}=2，表示"认真倾听学生回答，不打断学生回答"较"根据不同的问题类型采用多样化的理答方式"处于同等重要和略微重要之间；

A_{251}：$A_{254}\approx 1.88$，令 A_{251}：A_{254}=2，表示"认真倾听学生回答，不打断学生回答"较"积

极评价和给予学生鼓励性评价”处于同等重要和略微重要之间；

A_{252}：A_{253} ≈ 2.56，令 A_{252}：A_{253}=3，表示“注重引导和探究”较“根据不同的问题类型采用多样化的理答方式”略微重要；

A_{252}：A_{254} ≈ 2.63，令 A_{252}：A_{254}=3，表示“注重引导和探究”较“积极评价和给予学生鼓励性评价”略微重要；

A_{253}：A_{254} ≈ 2.44，令 A_{253}：A_{254}=2，表示“根据不同的问题类型采用多样化的理答方式”较“积极评价和给予学生鼓励性评价”处于同等重要和略微重要之间。

现将上述数据汇总成理答方式具体评价指标矩阵，矩阵结果见表 2.28。

表 2.28　理答方式具体评价指标矩阵

A_{25}	A_{251}	A_{252}	A_{253}	A_{254}
A_{251}	1	2	2	2
A_{252}	1/2	1	3	3
A_{253}	1/2	1/3	1	2
A_{254}	1/2	1/3	1/2	1
列总和	5/2	11/3	13/2	8

随即将表 2.28 的数据进行归一化处理，结果见表 2.29。

表 2.29　理答方式具体评价指标归一化处理结果

A_{25}	A_{251}	A_{252}	A_{253}	A_{254}
A_{251}	0.400	0.545	0.308	0.250
A_{252}	0.200	0.273	0.462	0.375
A_{253}	0.200	0.091	0.154	0.250
A_{254}	0.200	0.091	0.077	0.125

随后将表 2.29 每一行元素的值相加求平均值，可求得每项具体评价指标的权重，结果见表 2.30。

表 2.30　理答方式具体评价指标权重与排序

A_{25}	指标权重	排序
A_{251}	0.376	1
A_{252}	0.327	2
A_{253}	0.174	3
A_{254}	0.123	4
总和	1.000	—

从表 2.30 中的数据可知理答方式具体评价指标中的“认真倾听学生回答，不打断学生回答”权重为 0.376，排序第一；

理答方式具体评价指标中的“注重引导和探究”权重为 0.327，排序第二；

理答方式具体评价指标中的“根据不同的问题类型采用多样化的理答方式”权重为

0.174，排序第三；

理答方式具体评价指标中的“积极评价和给予学生鼓励性评价”权重为0.123，排序第四。

（2）理答方式具体评价指标的一致性检验。

根据候答时间合理性具体评价指标矩阵数据可以算得该判断矩阵的最大特征值λ_{max}=4.215 3，此外矩阵的阶数n=4，查表可知4阶矩阵的平均随机一致性指标RI=0.90，最终算得：

$$CI=\frac{\lambda_{max}-n}{n-1}=0.071\,8$$

$$CR=\frac{CI}{RI}=\frac{\lambda_{max}-n}{(n-1)RI}=0.080$$

因CR=0.080<0.10，所以该评价体系的具体评价指标权重具有有效性，通过一致性检验。

7. 良好师生互动的具体评价指标及一致性检验

（1）良好师生互动的具体评价指标。

属于“良好的师生互动（A_{31}）”具体评价指标有“学生积极回答问题”“教师引导和鼓励学生参与”“学生兴趣浓厚，融入课堂，积极讨论，思维活跃”，并将“学生积极回答问题”定义为A_{311}，“教师引导和鼓励学生参与”定义位为A_{312}，“学生兴趣浓厚，融入课堂，积极讨论，思维活跃”定义为A_{313}，而各具体评价指标重要性的比值为：

A_{311}：$A_{312}\approx 2.07$，令A_{311}：A_{312}=2，表示“学生积极回答问题”较“教师引导和鼓励学生参与”处于同等重要和略微重要之间；

A_{311}：$A_{313}\approx 2.88$，令A_{311}：A_{313}=3，表示“学生积极回答问题”较“学生兴趣浓厚，融入课堂，积极讨论，思维活跃”略微重要；

A_{312}：$A_{313}\approx 2.5$，令A_{312}：A_{313}=3，表示“教师引导和鼓励学生参与”较“学生兴趣浓厚，融入课堂，积极讨论，思维活跃”略微重要。

良好师生互动具体评价指标相互间重要性比值可整理成判断矩阵，矩阵结果见表2.31。

表2.31 良好师生互动具体评价指标矩阵

A_{31}	A_{311}	A_{312}	A_{313}
A_{311}	1	2	3
A_{312}	1/2	1	3
A_{313}	1/3	1/3	1
列总和	11/6	10/3	7

将表2.31数据进行归一化处理，结果见表2.32。

表2.32 良好师生互动具体评价指标归一化处理结果

A_{31}	A_{311}	A_{312}	A_{313}
A_{311}	0.545	0.600	0.429

续上表

A_{312}	0.273	0.300	0.429
A_{313}	0.182	0.100	0.143

将表 2.32 每一行元素的值相加求平均值，可求得每项具体评价指标的权重，结果见表 2.33。

表 2.33　良好师生互动具体评价指标权重与排序

A_{31}	指标权重	排序
A_{311}	0.525	1
A_{312}	0.334	2
A_{313}	0.142	3
总和	1.001	—

表 2.33 数据直观显示良好师生互动具体评价指标中的“学生积极回答问题”权重为 0.525，排序第一；

良好师生互动具体评价指标中的“教师引导和鼓励学生参与”权重为 0.334，排序第二；

良好师生互动具体评价指标中的“学生兴趣浓厚，融入课堂，积极讨论，思维活跃”权重为 0.142，排序第三。

（2）良好师生互动具体评价指标的一致性检验。

根据良好师生互动具体评价指标矩阵数据可以算得该判断矩阵的最大特征值 λ_{max}=3.053 6，此外矩阵的阶数 n=3，查表可知 3 阶矩阵的平均随机一致性指标 RI=0.58，最终结果为：

$$CI=\frac{\lambda_{max}-n}{n-1}=0.026\,8$$

$$CR=\frac{CI}{RI}=\frac{\lambda_{max}-n}{(n-1)\,RI}=0.046$$

因为 $CR=0.046<0.10$，所以该评价体系的具体评价指标权重具有有效性，通过一致性检验。

8. 有效的学生回答具体评价指标及一致性检验

（1）有效的学生回答具体评价指标。

属于“有效的学生回答（A_{32}）”具体评价指标分别有“学生清晰地表达，不含糊和不产生歧义”“学生准确回答问题，有深度和广度”“激发学生地理核心素养”。与此同时，令“学生清晰地表达，不含糊和不产生歧义”为 A_{321}，“学生准确回答问题，有深度和广度”为 A_{322}，“激发学生地理核心素养”为 A_{323}。各指标的重要性比值为：

A_{321}: $A_{322} \approx 2.27$，令 A_{321}: A_{322}=2，表示“学生清晰地表达，不含糊和不产生歧义”较“学生准确回答问题，有深度和广度”处于同等重要和略微重要之间；

A_{321}: $A_{323} \approx 2.31$，令 A_{321}: A_{323}=2，表示“学生清晰地表达，不含糊和不产生歧义”较“激发学生地理核心素养”处于同等重要和略微重要之间；

A_{322}：$A_{323}\approx 2.19$，令A_{322}：A_{323}=2，表示"学生准确回答问题，有深度和广度"较"激发学生地理核心素养"处于同等重要和略微重要之间。

上述数据可整理成关于有效的学生回答具体指标判断矩阵，见表 2.34。

表 2.34 有效的学生回答具体评价指标矩阵

A_{32}	A_{321}	A_{322}	A_{323}
A_{321}	1	2	2
A_{322}	1/2	1	2
A_{323}	1/2	1/2	1
列总和	2	7/2	5

将表 2.34 的数据进行归一化处理，结果见表 2.35。

表 2.35 有效的学生回答具体评价指标归一化处理结果

A_{32}	A_{321}	A_{322}	A_{323}
A_{321}	0.500	0.571	0.400
A_{322}	0.250	0.286	0.400
A_{323}	0.250	0.143	0.200

将表 2.35 中的每一行元素的值相加求平均值，可求得每项具体评价指标的权重，最后结果见表 2.36。

表 2.36 有效的学生回答具体评价指标权重与排序

A_{32}	指标权重	排序
A_{321}	0.490	1
A_{322}	0.312	2
A_{323}	0.198	3
总和	1.000	—

表 2.36 数据直观显示有效的学生回答具体评价指标中的"学生清晰地表达，不含糊和不产生歧义"权重为 0.490，排序第一；

有效的学生回答具体评价指标中的"学生准确回答问题，有深度和广度"权重为 0.312，排序第二；

有效的学生回答具体评价指标中的"激发学生地理核心素养"权重为 0.198，排序第三。

（2）有效的学生回答具体评价指标的一致性检验。

有效的学生回答具体评价指标矩阵的最大特征值 λ_{max}=3.053 6，同时矩阵的阶数 n=3，查表可知 3 阶矩阵的平均随机一致性指标 RI=0.58，最终结果为：

$$CI=\frac{\lambda_{max}-n}{n-1}=0.026\,8$$

$$CR=\frac{CI}{RI}=\frac{\lambda_{max}-n}{(n-1)RI}=0.046$$

又因为 CR=0.046<0.10，所以该评价体系的具体评价指标权重具有有效性，通过一致性检验。

9. 教师有效反思具体评价指标及一致性检验

（1）教师有效反思具体评价指标。

隶属于“教师有效反思（A_{41}）”具体评价指标有二，分别为“课后及时反思总结，并提炼经验”和“课堂提问艺术、技能提升”。与此同时，可令“课后及时反思总结，并提炼经验”为 A_{411}，“课堂提问艺术、技能提升”为 A_{412}。两指标的重要性比值为：

A_{411}：A_{412} ≈ 2.94，令 A_{411}：A_{412}=3，表示“课后及时反思总结，并提炼经验”较“课堂提问艺术、技能提升”略微重要。两者重要性比值用判断矩阵可表示为表 2.37。

表 2.37 教师有效反思具体评价指标矩阵

A_{41}	A_{411}	A_{412}
A_{411}	1	3
A_{412}	1/3	1
列总和	4/3	4

现对表 2.37 的矩阵数据进行归一化处理，结果见表 2.38。

表 2.38 教师有效反思具体评价指标归一化处理结果

A_{41}	A_{411}	A_{412}
A_{411}	0.750	0.750
A_{412}	0.250	0.250

接着将表 2.38 中的每一行元素的值相加求平均值，可求得每项具体评价指标的权重，结果见表 2.39。

表 2.39 教师反思有效性具体评价指标权重与排序

A_{41}	权重	排序
A_{411}	0.750	1
A_{412}	0.250	2

从表 2.39 可以发现教师反思有效性具体评价指标的“课后及时反思总结，并提炼经验”和“课堂提问艺术、技能提升”两个指标权重分别为 0.750 和 0.250。

（2）教师反思有效性具体评价指标的一致性检验。

因为教师反思有效性具体评价指标矩阵最大特征值 λ_{max}=2，阶数为 2，且 RI=0，所以易知该判断矩阵通过一致性检验。

（四）层次总排序及一致性检验

在上述论证的过程中，可以发现高中地理课堂教学有效提问评价体系中一级指标、二级指标和具体评价指标均通过一致性检验，同时明确了各指标在体系中的权重。虽然各层次指标通过一致性检验，但是在对整个评价体系进行评估的时候，各层次的非一致性会进行叠加，所以需要进一步对该评价体系层次总排序进行一致性检验。

由上可知：第一，高中地理课堂教学有效提问评价体系中各个一级指标的权重分别为0.388、0.275、0.198、0.140。第二，具体评价指标共有9个，每个具体评价指标的CI值分别为0.118 04、0.026 8、0、0.026 8、0.026 8、0.071 8、0.026 8、0.026 8、0。第三，各个具体评价指标的RI值分别为1.24、0.58、0、0.58、0.58、0.9、0.58、0.58、0。系统的层次总排序一致性检验数据见表2.40。

表2.40 层次总排序一致性检验数据

一级指标	数据	一致性指标	数据	平均随机一致性指标	数据
A_1	0.388	CI_1	0.118 04	RI_1	1.24
A_2	0.275	CI_2	0.026 8	RI_2	0.58
		CI_3	0.000 0	RI_3	0
		CI_4	0.026 8	RI_4	0.58
		CI_5	0.026 8	RI_5	0.58
		CI_6	0.071 8	RI_6	0.90
A_3	0.198	CI_7	0.026 8	RI_7	0.58
		CI_8	0.026 8	RI_8	0.58
A_4	0.140	CI_9	0.000 0	RI_9	0

因此，层次总排序：

$$CR=\frac{A_{1*}CI_1+A_{2*}CI_2+A_{2*}CI_3+A_{2*}CI_4+A_{2*}CI_5+A_{2*}CI_6+A_{3*}CI_7+A_{3*}CI_8+A_{4*}CI_9}{A_{1*}RI_1+A_{2*}RI_2+A_{2*}RI_3+A_{2*}RI_4+A_{2*}RI_5+A_{2*}RI_6+A_{3*}RI_7+A_{3*}RI_8+A_{4*}RI_9}$$

$$\text{即 } CR=\frac{0.098\,3}{1.436\,8}\approx 0.068$$

因为层次总排序$CR=0.068<0.10$，所以该评价体系层次总排序通过一致性检验，说明整个评价体系各指标的权重具有有效性，同时各指标权重分配比较科学与合理。

（五）高中地理课堂教学有效提问评价体系指标权重

（1）首先，上述的一级指标通过一致性检验，且各个一级指标的权重为：

"课前问题创设的有效性（A_1）"在高中地理课堂教学有效提问评价体系中的权重为0.388；"课中提问实施的有效性（A_2）"在高中地理课堂教学有效提问评价体系中的权重为0.275；"课中提问效果的有效性（A_3）"在高中地理课堂教学有效提问评价体系中的权重为0.198；"课后提问反思的有效性（A_4）"在高中地理课堂教学有效提问评价体系中的权重为0.140。将高中地理课堂教学有效提问一级指标权重整理成表2.41。

表 2.41　高中地理课堂教学有效提问一级指标权重

目标层	一级指标（准则层）	一级指标权重
高中地理课堂教学有效提问	课前问题创设的有效性 A_1	0.388
	课中提问实施的有效性 A_2	0.275
	课中提问效果的有效性 A_3	0.198
	课后提问反思的有效性 A_4	0.140

（2）其次，上述的二级指标均通过一致性检验，且各个二级指标的权重为：

属于一级指标“课前问题创设的有效性（A_1）”的二级指标只有一个，即“提问问题的有效性（A_{11}）”，因此“提问问题的有效性（A_{11}）”权重为 0.388。

属于一级指标“课中提问实施的有效性（A_2）”的二级指标有“提问语言的有效性（A_{21}）”，权重值为 0.359；“提问对象的针对性（A_{22}）”，权重值为 0.278；“提问方式的恰当性（A_{23}）”，权重值为 0.152；“候答时间的合理性（A_{24}）”，权重值为 0.128；“理答方式的有效性（A_{25}）”权重值为 0.084。因此，在整个评价体系中，“课中提问实施的有效性（A_2）”的二级指标“提问语言的有效性（A_{21}）”的权重为 0.099（$0.099 \approx 0.275 \times 0.359$），“提问对象的针对性（$A_{22}$）”的权重为 0.076（$0.076 \approx 0.275 \times 0.278$），“提问方式的恰当性（$A_{23}$）”的指标权重为 0.042（$0.042 \approx 0.275 \times 0.152$），“候答时间的合理性（$A_{24}$）”的指标权重为 0.035（$0.035 \approx 0.275 \times 0.128$），“理答方式的有效性（$A_{25}$）”的指标权重为 0.023（$0.023 \approx 0.275 \times 0.084$）。

属于“课中提问效果的有效性（A_3）”的二级指标有“良好的师生互动（A_{31}）”，权重值为 0.667；“有效的学生回答（A_{32}）”，权重值为 0.333。所以，对于整个评价体系而言，“课中提问效果的有效性（A_3）”的二级指标“良好的师生互动（A_{31}）”的权重值为 0.132（$0.132 \approx 0.198 \times 0.667$），“有效的学生回答（$A_{32}$）”权重值为 0.066（$0.066 \approx 0.198 \times 0.333$）。

属于一级指标“课后提问反思的有效性（A_4）”的二级指标只有一个，为“教师有效反思（A_{41}）”，所以“教师有效反思（A_{41}）”的权重为 0.140。

综上，高中地理课堂教学有效提问二级指标权重可整理成表 2.42。

表 2.42　高中地理课堂教学有效提问二级指标权重

二级指标（方案层）	二级指标权重	二级指标综合权重
提问问题的有效性 A_{11}	0.388	0.388
提问语言的有效性 A_{21}	0.359	0.099
提问对象的针对性 A_{22}	0.278	0.076
提问方式的恰当性 A_{23}	0.152	0.042
候答时间的合理性 A_{24}	0.128	0.035
理答方式的有效性 A_{25}	0.023	0.023
良好的师生互动 A_{31}	0.667	0.132
有效的学生回答 A_{32}	0.333	0.066

续上表

二级指标（方案层）	二级指标权重	二级指标综合权重
教师有效反思 A_{41}	0.140	0.140

注：综合权重为指标在整体评价体系中占据的比重。

（3）再次，上述的具体评价指标均通过一致性检验，且各个具体指标的权重为：

①由上可知，“提问问题有效性（A_{11}）”具体评价指标中的“问题设计突出高中地理教程的重点和难点（A_{111}）”权重为0.294，“问题层次化，符合地理事物发展规律和学生认知规律（A_{112}）”权重为0.226，“问题生活情境化，体现乡土地理内容（A_{113}）”权重为0.185，“问题类型多样化（A_{114}）”权重为0.120，“问题具有启发性（A_{115}）”权重为0.101，“借助地理图像等地理信息技术工具进行提问（A_{116}）”权重为0.074。因而在整个评价体系中，“问题设计突出高中地理教程的重点和难点（A_{111}）”权重为0.114（$0.114 \approx 0.388 \times 0.294$），“问题层次化，符合地理事物发展规律和学生认知规律（A_{112}）”权重为0.088（$0.088 \approx 0.388 \times 0.226$），“问题生活情境化，体现乡土地理内容（$A_{113}$）”权重为0.072（$0.072 \approx 0.388 \times 0.185$），“问题类型多样化（$A_{114}$）”权重为0.047（$0.047 \approx 0.388 \times 0.120$），“问题具有启发性（$A_{115}$）”权重为0.039（$0.039 \approx 0.388 \times 0.101$），“借助地理图像等地理信息技术工具进行提问（$A_{116}$）”权重为0.029（$0.029 \approx 0.388 \times 0.074$）。

②“提问语言有效性（A_{21}）”具体评价指标中的“提问表述准确、科学，特别地理专业术语要准确（A_{211}）”权重为0.490，“提问语言清晰、流畅（A_{212}）”权重为0.312，“语言表达丰富，有表现力和感染力（A_{213}）”权重为0.198。因此，在整个评价体系中，“提问表述准确、科学，特别地理专业术语要准确（A_{211}）”权重为0.049（$0.049 \approx 0.099 \times 0.490$），“提问语言清晰、流畅（$A_{212}$）”权重为0.031（$0.031 \approx 0.099 \times 0.312$），“语言表达丰富，有表现力和感染力（$A_{213}$）”权重为0.020（$0.020 \approx 0.099 \times 0.198$）。

③“提问对象针对性（A_{22}）”具体评价指标的“提问面向全体学生，做到公平公正（A_{221}）”“根据问题类型选择合适的学生，考虑学生之间的差异性（A_{222}）”两个指标权重分别为0.667和0.333。那么，放在整个评价体系中，这两个指标权重分别为0.051（$0.051 \approx 0.076 \times 0.667$）和0.025（$0.025 \approx 0.076 \times 0.333$）。

④“提问方式恰当性（A_{23}）”具体评价指标中的“先提问，后叫答（A_{231}）”权重为0.490，“提问范围明确、具体（A_{232}）”权重为0.312，“创设问题情境，让学生参与（A_{233}）”权重为0.198。所以这些指标在评价体系的综合权重分别为：0.021（$0.021 \approx 0.042 \times 0.490$）、0.013（$0.013 \approx 0.042 \times 0.312$）、0.008（$0.008 \approx 0.042 \times 0.198$）。

⑤“候答时间合理性（A_{24}）”具体评价指标中的“候答时间充足（A_{241}）”权重为0.490，“候答时间与问题难易程度相匹配（A_{242}）”权重为0.312，“充分灵活运用候答时间观察学生（A_{243}）”权重为0.198。可以算得这些指标在评价体系的综合权重分别为：0.017（$0.017 \approx 0.035 \times 0.490$）、0.011（$0.011 \approx 0.035 \times 0.312$）、0.007（$0.007 \approx 0.035 \times 0.198$）。

⑥“理答方式的有效性（A_{25}）”具体评价指标中的“认真倾听学生回答，不打断学生

回答（A_{251}）”权重为0.376，“注重引导和探究（A_{252}）”权重为0.327，“根据不同的问题类型采用多样化的理答方式（A_{253}）”权重为0.174，“积极评价和给予学生鼓励性评价（A_{254}）”权重为0.123。同样可算得这些指标在整个评价体系的综合权重，分别为：0.009（$0.009 \approx 0.023 \times 0.376$）、0.008（$0.008 \approx 0.023 \times 0.327$）、0.004（$0.004 \approx 0.023 \times 0.174$）、0.003（$0.003 \approx 0.023 \times 0.123$）。

⑦“良好的师生互动（A_{31}）”具体评价指标中的“学生积极回答问题（A_{311}）”权重为0.525，“教师引导和鼓励学生参与（A_{312}）”权重为0.334，“学生兴趣浓厚，融入课堂，积极讨论，思维活跃（A_{313}）”权重为0.142。以上指标在评价体系的综合权重分别为：0.069（$0.069 \approx 0.132 \times 0.525$）、0.044（$0.044 \approx 0.132 \times 0.334$）、0.019（$0.019 \approx 0.132 \times 0.142$）。

⑧“有效的学生回答（A_{32}）”具体评价指标中的“学生清晰地表达，不含糊和不产生歧义（A_{321}）”权重为0.490，“学生准确回答问题，有深度和广度（A_{322}）”权重为0.312，“激发学生地理核心素养（A_{323}）”权重为0.198。上述指标在评价体系的综合权重分别为：0.032（$0.032 \approx 0.066 \times 0.490$）、0.021（$0.021 \approx 0.066 \times 0.312$）、0.013（$0.013 \approx 0.066 \times 0.198$）。

⑨“教师反思有效性（A_{41}）”具体评价指标的“课后及时反思总结，并提炼经验（A_{42}）”和“课堂提问艺术、技能提升（A_{43}）”两个指标权重分别为0.750和0.250。这两个指标在评价体系的综合权重为：0.105（$0.105 \approx 0.140 \times 0.750$）、0.035（$0.035 \approx 0.140 \times 0.25$）。

综上所述，高中地理课堂教学有效提问具体评价指标权重可整理成表2.43。

表2.43　高中地理课堂教学有效提问具体评价指标权重

具体评价指标（因子层）	具体评价指标权重	具体评价指标综合权重
问题设计突出高中地理教程的重点和难点 A_{111}	0.294	0.114
问题层次化，符合地理事物发展规律和学生认知规律 A_{112}	0.226	0.088
问题生活情境化，体现乡土地理内容 A_{113}	0.185	0.070
问题类型多样化 A_{114}	0.120	0.047
问题具有启发性 A_{115}	0.101	0.039
借助地理图像等地理信息技术工具进行提问 A_{116}	0.074	0.029
提问表述准确、科学，特别地理专业术语要准确 A_{211}	0.490	0.049
提问语言清晰、流畅 A_{212}	0.312	0.031
语言表达丰富，有表现力和感染力 A_{213}	0.198	0.020
提问面向全体学生，做到公平公正 A_{221}	0.667	0.051
根据问题类型选择合适的学生，考虑学生之间的差异性 A_{222}	0.333	0.025
先提问，后叫答 A_{231}	0.490	0.021
提问范围明确、具体 A_{232}	0.312	0.013

续上表

具体评价指标（因子层）	具体评价指标权重	具体评价指标综合权重
创设问题情境，让学生参与 A_{233}	0.198	0.008
候答时间充足 A_{241}	0.490	0.017
候答时间与问题程度相匹配 A_{242}	0.312	0.011
充分灵活运用候答时间观察学生 A_{243}	0.198	0.007
认真倾听学生回答，不打断学生回答 A_{251}	0.376	0.009
注重引导和探究 A_{252}	0.327	0.008
根据不同的问题类型采用多样化的理答方式 A_{253}	0.174	0.004
积极评价和给予学生鼓励性评价 A_{254}	0.123	0.003
学生积极回答问题 A_{311}	0.525	0.069
教师引导和鼓励学生参与 A_{312}	0.334	0.044
学生兴趣浓厚，融入课堂，积极讨论，思维活跃 A_{313}	0.142	0.019
学生清晰地表达，不含糊和不产生歧义 A_{321}	0.490	0.032
学生准确回答问题，有深度和广度 A_{322}	0.312	0.021
激发学生地理核心素养 A_{323}	0.198	0.013
课后及时反思总结，并提炼经验 A_{411}	0.750	0.105
课堂提问艺术、技能提升 A_{412}	0.250	0.035

（4）**最后，根据表 2.41、表 2.42 和表 2.43，汇总整理高中地理课堂教学有效提问评价体系各指标权重，各指标权重结果以百分比形式呈现，具体见表 2.44。**

表 2.44 高中地理课堂教学有效提问各评价指标权重

<table>
<tr><th>目标层</th><th>一级指标（准则层）</th><th>二级指标（方案层）</th><th>具体评价指标（因子层）</th></tr>
<tr><td rowspan="11">高中地理课堂教学有效提问</td><td rowspan="6">课前问题创设的有效性（38.8%）</td><td rowspan="6">提问问题的有效性（38.8%）</td><td>问题设计突出高中地理教程的重点和难点（11.4%）</td></tr>
<tr><td>问题层次化，符合地理事物发展规律和学生认知规律（8.8%）</td></tr>
<tr><td>问题生活情境化，体现乡土地理内容（7%）</td></tr>
<tr><td>问题类型多样化（4.7%）</td></tr>
<tr><td>问题具有启发性（3.9%）</td></tr>
<tr><td>借助地理图像等地理信息技术工具进行提问（2.9%）</td></tr>
<tr><td rowspan="5">课中提问实施的有效性（27.5%）</td><td rowspan="3">提问语言的有效性（9.9%）</td><td>提问表述准确、科学，特别地理专业属于要准确（4.9%）</td></tr>
<tr><td>提问语言清晰、流畅（3.1%）</td></tr>
<tr><td>语言表达丰富，有表现力和感染力（2.0%）</td></tr>
<tr><td rowspan="2">提问对象的针对性（7.6%）</td><td>提问面向全体学生，做到公平公正（5.1%）</td></tr>
<tr><td>根据问题类型选择合适的学生，考虑学生之间的差异性（2.5%）</td></tr>
</table>

续上表

目标层	一级指标（准则层）	二级指标（方案层）	具体评价指标（因子层）
		提问方式的恰当性（4.2%）	先提问，后叫答（2.1%）
			提问范围明确、具体（1.3%）
			创设问题情境，让学生参与（0.8%）
		候答时间的合理性（3.5%）	候答时间充足（1.7%）
			候答时间与问题难易程度相匹配（1.1%）
			充分灵活运用候答时间观察学生（0.7%）
		理答方式的有效性（2.3%）	认真倾听学生回答，不打断学生回答（0.9%）
			注重引导和探究（0.8%）
			根据不同的问题类型采用多样化的理答方式（0.4%）
			积极评价和给予学生鼓励性评价（0.3%）
	课中提问效果的有效性（19.8%）	良好的师生互动（13.2%）	学生积极回答问题（6.9%）
			教师引导和鼓励学生参与（4.4%）
			学生兴趣浓厚，融入课堂，积极讨论，思维活跃（1.9%）
		有效的学生回答（6.6%）	学生清晰地表达，不含糊和产生歧义（3.2%）
			学生准确回答问题，有深度和广度（2.1%）
			激发学生地理核心素养（1.3%）
	课后提问反思的有效性（14.0%）	教师有效反思（14.0%）	课后及时反思总结，并提炼经验（10.5%）
			课堂提问艺术、技能提升（3.5%）

课前问题创设有效性和课中提问实施有效性在整个评价体系占据半壁江山，两者权重总和高达66.3%。具体而言，在整个高中地理课堂教学有效提问评价体系中，最重要的影响因素为创设好课前问题，唯有创设好课堂提问的问题，才能高效助力课堂教学有效提问的实现。与此同时，在课堂教学中落实好课中提问，亦能进一步促进课堂教学有效提问的实现。当然，教师应意识到还有其他因素影响课堂有效教学提问效果，尚需考虑提高提问效果的方法和总结反思提问的闪光点与不足。

回归到提问与教学的关系这一命题上，有效提问应当为实现有效教学服务，应对课堂教学具有积极意义。所以，提问并不是只要符合教师单方面初衷便有效。提问必须是符合教学目的，对课堂教学存在积极意义的。提问太难，学生理解产生障碍；提问过易，学生无须进行思考；提问偏离课堂主题，涣散学生思维等，都是对课堂教学产生负面效应的例子，是不可取的。理想的情况是，我们要根据课堂教学的实际情况和学生反应，有针对性地设计问题，注重课堂提问方式，及时提出一些疏导性的问题，用有深度的问题来引导学生走出课堂思维的困境，真正地实现教师课堂提问的有效性。

（5）最后，根据表2.44，汇总整理高中地理课堂教学有效提问评价体系各指标权重后，各指标评价标准具体见表2.45。

表2.45 高中地理课堂教学有效提问量化评价表

<table>
<tr><th rowspan="3">评价项目</th><th rowspan="3">评价标准</th><th colspan="3">评价结果</th><th rowspan="3">分数</th></tr>
<tr><th colspan="3">学生评价</th></tr>
<tr><th>完全不符</th><th>基本符合</th><th>完全符合</th></tr>
<tr><td rowspan="6">提问问题设计的有效性（39分）</td><td>问题设计符合课程要求，突出高中地理教程的重点和难点（11分）</td><td>0～3分</td><td>4～7分</td><td>8～11分</td><td></td></tr>
<tr><td>问题体现层次化，符合地理事物发展规律和学生认知规律（9分）</td><td>0～3分</td><td>4～6分</td><td>7～9分</td><td></td></tr>
<tr><td>问题具有生活情境化，体现学习对生活有用的乡土地理内容（7分）</td><td>0～2分</td><td>3～5分</td><td>6～7分</td><td></td></tr>
<tr><td>问题类型多样化，满足不同学情学生的学习需求（5分）</td><td>0～1分</td><td>2～3分</td><td>4～5分</td><td></td></tr>
<tr><td>问题具有启发性，拓展学生学习的深度和广度（4分）</td><td>0～1分</td><td>2～3分</td><td>4分</td><td></td></tr>
<tr><td>借助地理图表、视频、信息技术等工具进行提问，扩充课堂容量（3分）</td><td>0～1分</td><td>2分</td><td>3分</td><td></td></tr>
<tr><td rowspan="3">提问语言的有效性（10分）</td><td>提问表述准确、科学，特别地理专业术语的使用（5分）</td><td>0～2分</td><td>3～4分</td><td>5分</td><td></td></tr>
<tr><td>提问语言清晰、流畅（3分）</td><td>0～1分</td><td>2分</td><td>3分</td><td></td></tr>
<tr><td>提问语言表达丰富，有表现力和感染力（2分）</td><td>0分</td><td>1分</td><td>2分</td><td></td></tr>
<tr><td rowspan="2">提问对象的针对性（7分）</td><td>提问面向全体学生，做到公平公正（5分）</td><td>0～2分</td><td>3～4分</td><td>5分</td><td></td></tr>
<tr><td>根据问题类型选择合适的学生，考虑学生之间的差异性（2分）</td><td>0分</td><td>1分</td><td>2分</td><td></td></tr>
<tr><td rowspan="3">提问方式的恰当性（4分）</td><td>先提问，后叫答（2分）</td><td>0分</td><td>1分</td><td>2分</td><td></td></tr>
<tr><td>提问范围明确、具体（1分）</td><td>0分</td><td>1分</td><td>1分</td><td></td></tr>
<tr><td>创设问题情境，让学生参与（1分）</td><td>0分</td><td>1分</td><td>1分</td><td></td></tr>
</table>

续上表

<table>
<tr><th rowspan="3">评价项目</th><th rowspan="3">评价标准</th><th colspan="3">评价结果</th><th rowspan="3">分数</th></tr>
<tr><th colspan="3">学生评价</th></tr>
<tr><th>完全不符</th><th>基本符合</th><th>完全符合</th></tr>
<tr><td rowspan="4">候答时间的合理性（4分）</td><td>候答时间充足，给学生思考时间（1分）</td><td>0分</td><td>1分</td><td>1分</td><td></td></tr>
<tr><td>候答时间与问题难易程度相匹配（1分）</td><td>0分</td><td>1分</td><td>1分</td><td></td></tr>
<tr><td>充分灵活运用候答时间观察学生，做到随机应变（1分）</td><td>0分</td><td>1分</td><td>1分</td><td></td></tr>
<tr><td>认真倾听学生回答，不打断学生回答（1分）</td><td>0分</td><td>1分</td><td>1分</td><td></td></tr>
<tr><td rowspan="3">理答方式的有效性（3分）</td><td>注重引导和探究（1分）</td><td>0分</td><td>1分</td><td>1分</td><td></td></tr>
<tr><td>根据不同的问题类型采用多样化的理答方式（1分）</td><td>0分</td><td>1分</td><td>1分</td><td></td></tr>
<tr><td>积极评价和给予学生鼓励性评价（1分）</td><td>0分</td><td>1分</td><td>1分</td><td></td></tr>
<tr><td rowspan="3">良好的师生互动（13分）</td><td>学生积极、有序回答问题（7分）</td><td>0～2分</td><td>3～5分</td><td>6～7分</td><td></td></tr>
<tr><td>教师耐心引导和鼓励学生参与问答活动（4分）</td><td>0～1分</td><td>2～3分</td><td>4分</td><td></td></tr>
<tr><td>学生兴趣浓厚，融入课堂，积极讨论，思维活跃（2分）</td><td>0分</td><td>1分</td><td>2分</td><td></td></tr>
<tr><td rowspan="3">有效的学生回答（6分）</td><td>学生清晰地表达，不含糊和不产生歧义（3分）</td><td>0～1分</td><td>2分</td><td>3分</td><td></td></tr>
<tr><td>学生准确回答问题，有深度和广度（2分）</td><td>0分</td><td>1分</td><td>2分</td><td></td></tr>
<tr><td>有效激发学生地理核心素养（1分）</td><td>0分</td><td>1分</td><td>1分</td><td></td></tr>
<tr><td rowspan="2">教师有效反思（14分）</td><td>课后及时反思总结，并提炼经验（10分）</td><td>0～3分</td><td>4～7分</td><td>8～10分</td><td></td></tr>
<tr><td>课堂提问艺术、技能提升（4分）</td><td>0～1分</td><td>2～3分</td><td>4分</td><td></td></tr>
<tr><td colspan="6">课堂教学有效提问总得分：　　　　　　等级：</td></tr>
<tr><td colspan="6">说明：
1. 根据每个问题给出评价，每个评价项目总分由该评价项目下的问题评分综合得出，各类评价项目总得分由每个评价项目总分相加计算得出。
2. 课堂教学有效提问评分等级划分标准：A=80～100；B=60～79；C=40～59；D=30～49；30分及以下为F</td></tr>
</table>

第三章

高中地理课堂教学有效提问指标重要性比较调查问卷与原始数据

尊敬的女士 / 先生，您好，首先衷心感谢您在百忙中抽时间参与此次问卷调查！本次问卷调查旨在构建高中地理课堂有效提问评估体系，其中一项重要且关键的内容就是确定各指标在评估体系中的权重。此次问卷调查采用匿名方式进行，调查过程不会涉及您的个人隐私和其他个人信息；与此同时，所得数据仅仅用于科学研究，不用于商业行为，所以请您客观、自主填写相关信息。再次感谢您参与此次问卷调查！

注意：若两个指标 A_1 : A_2（前 : 后）相比较，1 表示两指标同等重要；3 表示 A_1 比 A_2 略微重要；5 表示 A_1 比 A_2 重要；7 表示 A_1 比 A_2 重要得多；9 表示 A_1 比 A_2 绝对重要。2、4、6、8 介于上述两者之间。若 A_2 比 A_1（后 : 前）略微重要，则取倒数，即 $\frac{1}{3}$，其他依次类推。

注意，由于第 34、35、39、49、52 按原始评分检验的时候没能通过一致性检验，剔除 34 题最高分选项 9 分后算得平均分为 2.13 分，后通过一致性检验；剔除 35 题最高分选项 7 分算得平均分为 2.33 分，后通过一致性检验；剔除 39 题最高分选项 7 分算得平均分为 2.21 分，后通过一致性检验；剔除 49 题最高分选项 9 分算得平均分 2.066 分，后通过一致性检验；剔除 52 题最高分选项 6 分算得平均分 2.27 分，后通过一致性检验。

说明：各题有效填写的总人次均为 16 人，各题统计情况中的小计指各选项的有效填写人次，比例指各选项有效填写人次占每题有效填写总人次的比例。

第 1 题　课前问题创设的有效性：课中提问实施的有效性（前：后）［单选题］

本题平均分：1.5

选项	小计	比例
1. 同等重要	12	75%
2. 同等重要与略微重要之间	1	6.25%
3. 略微重要	1	6.25%
4. 略微重要和重要之间	0	0%
5. 重要	0	0%
6. 重要和重要得多之间	0	0%
7. 重要得多	1	6.25%
8. 重要得多与绝对重要之间	0	0%
9. 绝对重要	0	0%
后：前，则填倒数	1	6.25%

第 2 题　课前问题创设的有效性：课中提问效果的有效性（前：后）［单选题］

本题平均分：2.31

选项	小计	比例
1　同等重要	9	56.25%
2. 同等重要与略微重要之间	2	12.5%
3. 略微重要	0	0%
4. 略微重要和重要之间	1	6.25%
5. 重要	1	6.25%
6. 重要和重要得多之间	0	0%
7. 重要得多	1	6.25%
8. 重要得多与绝对重要之间	1	6.25%
9. 绝对重要	0	0%
后：前，则填倒数	1	6.25%

第 3 题 课前问题创设的有效性：课后提问反思的有效性（前：后）［单选题］

本题平均分：1.94

选项	小计	比例
1. 同等重要	10	62.5%
2. 同等重要与略微重要之间	2	12.5%
3. 略微重要	2	12.5%
4. 略微重要和重要之间	0	0%
5. 重要	1	6.25%
6. 重要和重要得多之间	1	6.25%
7. 重要得多	0	0%
8. 重要得多与绝对重要之间	0	0%
9. 绝对重要	0	0%
后：前，则填倒数	0	0%

第 4 题 课中提问实施的有效性：课中提问效果的有效性（前：后）［单选题］

本题平均分：1.88

选项	小计	比例
1. 同等重要	12	75%
2. 同等重要与略微重要之间	0	0%
3. 略微重要	0	0%
4. 略微重要和重要之间	3	18.75%
5. 重要	0	0%
6. 重要和重要得多之间	1	6.25%
7. 重要得多	0	0%
8. 重要得多与绝对重要之间	0	0%
9. 绝对重要	0	0%
后：前，则填倒数	0	0%

第 5 题　课中提问实施的有效性：课后提问反思的有效性（前：后）［单选题］

本题平均分：1.88

选项	小计	比例
1. 同等重要	11	68.75%
2. 同等重要与略微重要之间	1	6.25%
3. 略微重要	3	18.75%
4. 略微重要和重要之间	0	0%
5. 重要	0	0%
6. 重要和重要得多之间	0	0%
7. 重要得多	0	0%
8. 重要得多与绝对重要之间	1	6.25%
9. 绝对重要	0	0%
后：前，则填倒数	0	0%

第 6 题　课中提问效果的有效性：课后提问反思的有效性（前：后）［单选题］

本题平均分：1.94

选项	小计	比例
1. 同等重要	9	56.25%
2. 同等重要与略微重要之间	4	25%
3. 略微重要	1	6.25%
4. 略微重要和重要之间	0	0%
5. 重要	1	6.25%
6. 重要和重要得多之间	1	6.25%
7. 重要得多	0	0%
8. 重要得多与绝对重要之间	0	0%
9. 绝对重要	0	0%
后：前，则填倒数	0	0%

第 7 题 提问语言的有效性：提问对象的针对性（前：后）[单选题]

本题平均分：2.69

选项	小计	比例
1. 同等重要	8	50%
2. 同等重要与略微重要之间	2	12.5%
3. 略微重要	2	12.5%
4. 略微重要和重要之间	1	6.25%
5. 重要	0	0%
6. 重要和重要得多之间	2	12.5%
7. 重要得多	0	0%
8. 重要得多与绝对重要之间	0	0%
9. 绝对重要	1	6.25%
后：前，则填倒数	0	0%

第 8 题 提问语言的有效性：提问方式的恰当性（前：后）[单选题]

本题平均分：2.31

选项	小计	比例
1. 同等重要	8	50%
2. 同等重要与略微重要之间	4	25%
3. 略微重要	1	6.25%
4. 略微重要和重要之间	0	0%
5. 重要	0	0%
6. 重要和重要得多之间	3	18.75%
7. 重要得多	0	0%
8. 重要得多与绝对重要之间	0	0%
9. 绝对重要	0	0%
后：前，则填倒数	0	0%

第 9 题　提问语言的有效性：候答时间的合理性（前：后）［单选题］

本题平均分：2.38

选项	小计	比例
1. 同等重要	6	37.5%
2. 同等重要与略微重要之间	5	31.25%
3. 略微重要	1	6.25%
4. 略微重要和重要之间	2	12.5%
5. 重要	1	6.25%
6. 重要和重要得多之间	1	6.25%
7. 重要得多	0	0%
8. 重要得多与绝对重要之间	0	0%
9. 绝对重要	0	0%
后：前，则填倒数	0	0%

第 10 题　提问语言的有效性：理答方式的有效性（前：后）［单选题］

本题平均分：2.88

选项	小计	比例
1. 同等重要	6	37.5%
2. 同等重要与略微重要之间	4	25%
3. 略微重要	1	6.25%
4. 略微重要和重要之间	1	6.25%
5. 重要	0	0%
6. 重要和重要得多之间	3	18.75%
7. 重要得多	1	6.25%
8. 重要得多与绝对重要之间	0	0%
9. 绝对重要	0	0%
后：前，则填倒数	0	0%

第 11 题　提问对象的针对性：提问方式的恰当性（前：后）［单选题］

本题平均分：2.63

选项	小计	比例
1. 同等重要	7	43.75%
2. 同等重要与略微重要之间	2	12.5%
3. 略微重要	0	0%
4. 略微重要和重要之间	4	25%
5. 重要	3	18.75%
6. 重要和重要得多之间	0	0%
7. 重要得多	0	0%
8. 重要得多与绝对重要之间	0	0%
9. 绝对重要	0	0%
后：前，则填倒数	0	0%

第 12 题　提问对象的针对性：候答时间的合理性（前：后）［单选题］

本题平均分：2.63

选项	小计	比例
1. 同等重要	5	31.25%
2. 同等重要与略微重要之间	4	25%
3. 略微重要	2	12.5%
4. 略微重要和重要之间	3	18.75%
5. 重要	1	6.25%
6. 重要和重要得多之间	1	6.25%
7. 重要得多	0	0%
8. 重要得多与绝对重要之间	0	0%
9. 绝对重要	0	0%
后：前，则填倒数	0	0%

第 13 题　提问对象的针对性：理答方式的有效性（前：后）［单选题］

本题平均分：2.5

选项	小计	比例
1. 同等重要	8	50%
2. 同等重要与略微重要之间	2	12.5%
3. 略微重要	2	12.5%
4. 略微重要和重要之间	1	6.25%
5. 重要	0	0%
6. 重要和重要得多之间	3	18.75%
7. 重要得多	0	0%
8. 重要得多与绝对重要之间	0	0%
9. 绝对重要	0	0%
后：前，则填倒数	0	0%

第 14 题　提问方式的恰当性：候答时间的合理性（前：后）［单选题］

本题平均分：2

选项	小计	比例
1. 同等重要	10	62.5%
2. 同等重要与略微重要之间	2	12.5%
3. 略微重要	1	6.25%
4. 略微重要和重要之间	1	6.25%
5. 重要	1	6.25%
6. 重要和重要得多之间	1	6.25%
7. 重要得多	0	0%
8. 重要得多与绝对重要之间	0	0%
9. 绝对重要	0	0%
后：前，则填倒数	0	0%

第 15 题　提问方式的恰当性：理答方式的有效性（前：后）［单选题］

本题平均分：2.31

选项	小计	比例
1．同等重要	8	50%
2．同等重要与略微重要之间	2	12.5%
3．略微重要	2	12.5%
4．略微重要和重要之间	1	6.25%
5．重要	3	18.75%
6．重要和重要得多之间	0	0%
7．重要得多	0	0%
8．重要得多与绝对重要之间	0	0%
9．绝对重要	0	0%
后：前，则填倒数	0	0%

第 16 题　候答时间的合理性：理答方式的有效性（前：后）［单选题］

本题平均分：2.38

选项	小计	比例
1．同等重要	8	50%
2．同等重要与略微重要之间	2	12.5%
3．略微重要	1	6.25%
4．略微重要和重要之间	1	6.25%
5．重要	0	0%
6．重要和重要得多之间	2	12.5%
7．重要得多	1	6.25%
8．重要得多与绝对重要之间	0	0%
9．绝对重要	0	0%
后：前，则填倒数	1	6.25%

第 17 题　良好的师生互动：有效的学生回答（前：后）［单选题］

本题平均分：2.44

选项	小计	比例
1．同等重要	11	68.75%
2．同等重要与略微重要之间	0	0%
3．略微重要	0	0%
4．略微重要和重要之间	1	6.25%
5．重要	2	12.5%
6．重要和重要得多之间	0	0%
7．重要得多	2	12.5%
8．重要得多与绝对重要之间	0	0%
9．绝对重要	0	0%
后：前，则填倒数	0	0%

第 18 题　问题设计突出高中地理重难点：问题层次化，符合地理事物发展规律和学生认知规律（前：后）［单选题］

本题平均分：2.75

选项	小计	比例
1．同等重要	8	50%
2．同等重要与略微重要之间	1	6.25%
3．略微重要	0	0%
4．略微重要和重要之间	1	6.25%
5．重要	1	6.25%
6．重要和重要得多之间	3	18.75%
7．重要得多	1	6.25%
8．重要得多与绝对重要之间	0	0%
9．绝对重要	0	0%
后：前，则填倒数	1	6.25%

第 19 题　问题设计突出高中地理重难点：问题生活情境化，体现乡土地理内容（前：后）［单选题］

本题平均分：1.88

选项	小计	比例
1. 同等重要	9	56.25%
2. 同等重要与略微重要之间	3	18.75%
3. 略微重要	2	12.5%
4. 略微重要和重要之间	1	6.25%
5. 重要	1	6.25%
6. 重要和重要得多之间	0	0%
7. 重要得多	0	0%
8. 重要得多与绝对重要之间	0	0%
9. 绝对重要	0	0%
后：前，则填倒数	0	0%

第 20 题　问题设计突出高中地理重难点：问题类型多样化（前：后）［单选题］

本题平均分：2.44

选项	小计	比例
1. 同等重要	9	56.25%
2. 同等重要与略微重要之间	3	18.75%
3. 略微重要	0	0%
4. 略微重要和重要之间	0	0%
5. 重要	2	12.5%
6. 重要和重要得多之间	0	0%
7. 重要得多	2	12.5%
8. 重要得多与绝对重要之间	0	0%
9. 绝对重要	0	0%
后：前，则填倒数	0	0%

第 21 题　问题设计突出高中地理重难点：问题具有启发性（前：后）［单选题］

本题平均分：2.31

选项	小计	比例
1. 同等重要	7	43.75%
2. 同等重要与略微重要之间	3	18.75%
3. 略微重要	1	6.25%
4. 略微重要和重要之间	0	0%
5. 重要	3	18.75%
6. 重要和重要得多之间	1	6.25%
7. 重要得多	0	0%
8. 重要得多与绝对重要之间	0	0%
9. 绝对重要	0	0%
后：前，则填倒数	1	6.25%

第 22 题　问题设计突出高中地理重难点：借助地理图像等地理信息技术工具进行提问（前：后）［单选题］

本题平均分：2.69

选项	小计	比例
1. 同等重要	6	37.5%
2. 同等重要与略微重要之间	2	12.5%
3. 略微重要	1	6.25%
4. 略微重要和重要之间	5	31.25%
5. 重要	2	12.5%
6. 重要和重要得多之间	0	0%
7. 重要得多	0	0%
8. 重要得多与绝对重要之间	0	0%
9. 绝对重要	0	0%
后：前，则填倒数	0	0%

第 23 题　问题层次化，符合地理事物发展规律和学生认知规律：问题生活情境化，体现乡土地理内容（前：后）［单选题］

本题平均分：3.06

选项	小计	比例
1. 同等重要	9	56.25%
2. 同等重要与略微重要之间	1	6.25%
3. 略微重要	0	0%
4. 略微重要和重要之间	1	6.25%
5. 重要	1	6.25%
6. 重要和重要得多之间	1	6.25%
7. 重要得多	2	12.5%
8. 重要得多与绝对重要之间	0	0%
9. 绝对重要	1	6.25%
后：前，则填倒数	0	0%

第 24 题　问题层次化，符合地理事物发展规律和学生认知规律：问题类型多样化（前：后）［单选题］

本题平均分：2.81

选项	小计	比例
1. 同等重要	7	43.75%
2. 同等重要与略微重要之间	3	18.75%
3. 略微重要	2	12.5%
4. 略微重要和重要之间	1	6.25%
5. 重要	0	0%
6. 重要和重要得多之间	1	6.25%
7. 重要得多	1	6.25%
8. 重要得多与绝对重要之间	0	0%
9. 绝对重要	1	6.25%
后：前，则填倒数	0	0%

第25题　问题层次化，符合地理事物发展规律和学生认知规律：问题具有启发性（前：后）［单选题］

本题平均分：2.31

选项	小计	比例
1. 同等重要	9	56.25%
2. 同等重要与略微重要之间	3	18.75%
3. 略微重要	1	6.25%
4. 略微重要和重要之间	0	0%
5. 重要	1	6.25%
6. 重要和重要得多之间	1	6.25%
7. 重要得多	0	0%
8. 重要得多与绝对重要之间	1	6.25%
9. 绝对重要	0	0%
后：前，则填倒数	0	0%

第26题　问题层次化，符合地理事物发展规律和学生认知规律：借助地理图像等地理信息技术工具进行提问（前：后）［单选题］

本题平均分：2.38

选项	小计	比例
1. 同等重要	8	50%
2. 同等重要与略微重要之间	3	18.75%
3. 略微重要	1	6.25%
4. 略微重要和重要之间	1	6.25%
5. 重要	2	12.5%
6. 重要和重要得多之间	0	0%
7. 重要得多	1	6.25%
8. 重要得多与绝对重要之间	0	0%
9. 绝对重要	0	0%
后：前，则填倒数	0	0%

第 27 题　问题生活情境化，体现乡土地理内容：问题类型多样化（前：后）［单选题］

本题平均分：2.56

选项	小计	比例
1．同等重要	7	43.75%
2．同等重要与略微重要之间	2	12.5%
3．略微重要	3	18.75%
4．略微重要和重要之间	1	6.25%
5．重要	2	12.5%
6．重要和重要得多之间	0	0%
7．重要得多	1	6.25%
8．重要得多与绝对重要之间	0	0%
9．绝对重要	0	0%
后：前，则填倒数	0	0%

第 28 题　问题生活情境化，体现乡土地理内容：问题具有启发性（前：后）［单选题］

本题平均分：2.56

选项	小计	比例
1．同等重要	9	56.25%
2．同等重要与略微重要之间	0	0%
3．略微重要	1	6.25%
4．略微重要和重要之间	3	18.75%
5．重要	1	6.25%
6．重要和重要得多之间	2	12.5%
7．重要得多	0	0%
8．重要得多与绝对重要之间	0	0%
9．绝对重要	0	0%
后：前，则填倒数	0	0%

第 29 题　问题生活情境化，体现乡土地理内容：借助地理图像等地理信息技术工具进行提问（前：后）［单选题］

本题平均分：1.94

选项	小计	比例
1. 同等重要	10	62.5%
2. 同等重要与略微重要之间	2	12.5%
3. 略微重要	2	12.5%
4. 略微重要和重要之间	1	6.25%
5. 重要	0	0%
6. 重要和重要得多之间	0	0%
7. 重要得多	1	6.25%
8. 重要得多与绝对重要之间	0	0%
9. 绝对重要	0	0%
后：前，则填倒数	0	0%

第 30 题　问题类型多样化：问题具有启发性（前：后）［单选题］

本题平均分：2.25

选项	小计	比例
1. 同等重要	8	50%
2. 同等重要与略微重要之间	2	12.5%
3. 略微重要	1	6.25%
4. 略微重要和重要之间	0	0%
5. 重要	3	18.75%
6. 重要和重要得多之间	1	6.25%
7. 重要得多	0	0%
8. 重要得多与绝对重要之间	0	0%
9. 绝对重要	0	0%
后：前，则填倒数	1	6.25%

第 31 题　问题类型多样化：借助地理图像等地理信息技术工具进行提问（前：后）［单选题］

本题平均分：2.25

选项	小计	比例
1. 同等重要	6	37.5%
2. 同等重要与略微重要之间	3	18.75%
3. 略微重要	3	18.75%
4. 略微重要和重要之间	0	0%
5. 重要	3	18.75%
6. 重要和重要得多之间	0	0%
7. 重要得多	0	0%
8. 重要得多与绝对重要之间	0	0%
9. 绝对重要	0	0%
后：前，则填倒数	1	6.25%

第 32 题　问题具有启发性：借助地理图像等地理信息技术工具进行提问（前：后）［单选题］

本题平均分：1.75

选项	小计	比例
1. 同等重要	10	62.5%
2. 同等重要与略微重要之间	3	18.75%
3. 略微重要	1	6.25%
4. 略微重要和重要之间	1	6.25%
5. 重要	1	6.25%
6. 重要和重要得多之间	0	0%
7. 重要得多	0	0%
8. 重要得多与绝对重要之间	0	0%
9. 绝对重要	0	0%
后：前，则填倒数	0	0%

第 33 题　提问表述准确、科学，特别地理专业术语要准确：提问语言清晰、流畅（前：后）［单选题］

本题平均分：3

选项	小计	比例
1. 同等重要	9	56.25%
2. 同等重要与略微重要之间	1	6.25%
3. 略微重要	0	0%
4. 略微重要和重要之间	0	0%
5. 重要	3	18.75%
6. 重要和重要得多之间	1	6.25%
7. 重要得多	1	6.25%
8. 重要得多与绝对重要之间	0	0%
9. 绝对重要	1	6.25%
后：前，则填倒数	0	0%

第 34 题　提问表述准确、科学，特别地理专业术语要准确：语言表达丰富，有表现力和感染力（前：后）［单选题］

本题平均分：2.56

选项	小计	比例
1. 同等重要	9	56.25%
2. 同等重要与略微重要之间	2	12.5%
3. 略微重要	1	6.25%
4. 略微重要和重要之间	0	0%
5. 重要	2	12.5%
6. 重要和重要得多之间	1	6.25%
7. 重要得多	0	0%
8. 重要得多与绝对重要之间	0	0%
9. 绝对重要	1	6.25%
后：前，则填倒数	0	0%

第35题 提问语言清晰、流畅：语言表达丰富，有表现力和感染力（前：后）[单选题]

本题平均分：2.63

选项	小计	比例
1. 同等重要	8	50%
2. 同等重要与略微重要之间	3	18.75%
3. 略微重要	0	0%
4. 略微重要和重要之间	0	0%
5. 重要	3	18.75%
6. 重要和重要得多之间	1	6.25%
7. 重要得多	1	6.25%
8. 重要得多与绝对重要之间	0	0%
9. 绝对重要	0	0%
后：前，则填倒数	0	0%

第36题 提问面向全体学生，做到公平公正：根据问题类型选择合适的学生，考虑学生之间的差异性（前：后）[单选题]

本题平均分：2.06

选项	小计	比例
1. 同等重要	10	62.5%
2. 同等重要与略微重要之间	2	12.5%
3. 略微重要	1	6.25%
4. 略微重要和重要之间	1	6.25%
5. 重要	1	6.25%
6. 重要和重要得多之间	0	0%
7. 重要得多	1	6.25%
8. 重要得多与绝对重要之间	0	0%
9. 绝对重要	0	0%
后：前，则填倒数	0	0%

第 37 题　先提问，后叫答：提问范围明确、具体（前：后）［单选题］

本题平均分：2.19

选项	小计	比例
1．同等重要	9	56.25%
2．同等重要与略微重要之间	0	0%
3．略微重要	1	6.25%
4．略微重要和重要之间	2	12.5%
5．重要	3	18.75%
6．重要和重要得多之间	0	0%
7．重要得多	0	0%
8．重要得多与绝对重要之间	0	0%
9．绝对重要	0	0%
后：前，则填倒数	1	6.25%

第 38 题　先提问，后叫答：创设问题情境，让学生参与（前：后）［单选题］

本题平均分：2.31

选项	小计	比例
1．同等重要	8	50%
2．同等重要与略微重要之间	1	6.25%
3．略微重要	2	12.5%
4．略微重要和重要之间	1	6.25%
5．重要	2	12.5%
6．重要和重要得多之间	0	0%
7．重要得多	1	6.25%
8．重要得多与绝对重要之间	0	0%
9．绝对重要	0	0%
后：前，则填倒数	1	6.25%

第 39 题　提问范围明确、具体：创设问题情境，让学生参与（前：后）［单选题］

本题平均分：2.5

选项	小计	比例
1. 同等重要	6	37.5%
2. 同等重要与略微重要之间	3	18.75%
3. 略微重要	2	12.5%
4. 略微重要和重要之间	1	6.25%
5. 重要	1	6.25%
6. 重要和重要得多之间	1	6.25%
7. 重要得多	1	6.25%
8. 重要得多与绝对重要之间	0	0%
9. 绝对重要	0	0%
后：前，则填倒数	1	6.25%

第 40 题　候答时间充足：候答时间与问题难易程度相匹配（前：后）［单选题］

本题平均分：1.81

选项	小计	比例
1. 同等重要	9	56.25%
2. 同等重要与略微重要之间	3	18.75%
3. 略微重要	1	6.25%
4. 略微重要和重要之间	0	0%
5. 重要	1	6.25%
6. 重要和重要得多之间	1	6.25%
7. 重要得多	0	0%
8. 重要得多与绝对重要之间	0	0%
9. 绝对重要	0	0%
后：前，则填倒数	1	6.25%

第 41 题　候答时间充足：充分灵活运用候答时间观察学生（前：后）［单选题］

本题平均分：2.25

选项	小计	比例
1. 同等重要	7	43.75%
2. 同等重要与略微重要之间	2	12.5%
3. 略微重要	5	31.25%
4. 略微重要和重要之间	0	0%
5. 重要	2	12.5%
6. 重要和重要得多之间	0	0%
7. 重要得多	0	0%
8. 重要得多与绝对重要之间	0	0%
9. 绝对重要	0	0%
后：前，则填倒数	0	0%

第 42 题　候答时间与问题难易程度相匹配：充分灵活运用候答时间观察学生(前：后)［单选题］

本题平均分：2.19

选项	小计	比例
1. 同等重要	8	50%
2. 同等重要与略微重要之间	3	18.75%
3. 略微重要	2	12.5%
4. 略微重要和重要之间	0	0%
5. 重要	3	18.75%
6. 重要和重要得多之间	0	0%
7. 重要得多	0	0%
8. 重要得多与绝对重要之间	0	0%
9. 绝对重要	0	0%
后：前，则填倒数	0	0%

第43题　认真倾听学生回答，不打断学生回答：注重引导和探究（前：后）［单选题］

本题平均分：2.25

选项	小计	比例
1. 同等重要	9	56.25%
2. 同等重要与略微重要之间	0	0%
3. 略微重要	2	12.5%
4. 略微重要和重要之间	0	0%
5. 重要	3	18.75%
6. 重要和重要得多之间	1	6.25%
7. 重要得多	0	0%
8. 重要得多与绝对重要之间	0	0%
9. 绝对重要	0	0%
后：前，则填倒数	1	6.25%

第44题　认真倾听学生回答，不打断学生回答：根据不同的问题类型采用多样化的理答方式（前：后）［单选题］

本题平均分：1.81

选项	小计	比例
1. 同等重要	8	50%
2. 同等重要与略微重要之间	3	18.75%
3. 略微重要	2	12.5%
4. 略微重要和重要之间	1	6.25%
5. 重要	1	6.25%
6. 重要和重要得多之间	0	0%
7. 重要得多	0	0%
8. 重要得多与绝对重要之间	0	0%
9. 绝对重要	0	0%
后：前，则填倒数	1	6.25%

第 45 题　认真倾听学生回答，不打断学生回答：积极评价和给予学生鼓励性评价（前：后）［单选题］

本题平均分：1.88

选项	小计	比例
1. 同等重要	7	43.75%
2. 同等重要与略微重要之间	4	25%
3. 略微重要	2	12.5%
4. 略微重要和重要之间	1	6.25%
5. 重要	1	6.25%
6. 重要和重要得多之间	0	0%
7. 重要得多	0	0%
8. 重要得多与绝对重要之间	0	0%
9. 绝对重要	0	0%
后：前，则填倒数	1	6.25%

第 46 题　注重引导和探究：根据不同的问题类型采用多样化的理答方式（前：后）［单选题］

本题平均分：2.56

选项	小计	比例
1. 同等重要	8	50%
2. 同等重要与略微重要之间	1	6.25%
3. 略微重要	2	12.5%
4. 略微重要和重要之间	1	6.25%
5. 重要	3	18.75%
6. 重要和重要得多之间	1	6.25%
7. 重要得多	0	0%
8. 重要得多与绝对重要之间	0	0%
9. 绝对重要	0	0%
后：前，则填倒数	0	0%

第 47 题　注重引导和探究：积极评价和给予学生鼓励性评价（前：后）［单选题］

本题平均分：2.63

选项	小计	比例
1．同等重要	10	62.5%
2．同等重要与略微重要之间	0	0%
3．略微重要	0	0%
4．略微重要和重要之间	1	6.25%
5．重要	3	18.75%
6．重要和重要得多之间	1	6.25%
7．重要得多	1	6.25%
8．重要得多与绝对重要之间	0	0%
9．绝对重要	0	0%
后：前，则填倒数	0	0%

第 48 题　根据不同的问题类型采用多样化的理答方式：积极评价和给予学生鼓励性评价（前：后）［单选题］

本题平均分：2.44

选项	小计	比例
1．同等重要	9	56.25%
2．同等重要与略微重要之间	1	6.25%
3．略微重要	1	6.25%
4．略微重要和重要之间	2	12.5%
5．重要	2	12.5%
6．重要和重要得多之间	0	0%
7．重要得多	1	6.25%
8．重要得多与绝对重要之间	0	0%
9．绝对重要	0	0%
后：前，则填倒数	0	0%

第 49 题　学生积极回答问题：教师引导和鼓励学生参与（前：后）　[单选题]

本题平均分：2.5

选项	小计	比例
1. 同等重要	9	56.25%
2. 同等重要与略微重要之间	1	6.25%
3. 略微重要	2	12.5%
4. 略微重要和重要之间	1	6.25%
5. 重要	2	12.5%
6. 重要和重要得多之间	0	0%
7. 重要得多	0	0%
8. 重要得多与绝对重要之间	0	0%
9. 绝对重要	1	6.25%
后：前，则填倒数	0	0%

第 50 题　学生积极回答问题：学生兴趣浓厚，融入课堂，积极讨论，思维活跃（前：后）[单选题]

本题平均分：2.88

选项	小计	比例
1. 同等重要	8	50%
2. 同等重要与略微重要之间	1	6.25%
3. 略微重要	2	12.5%
4. 略微重要和重要之间	0	0%
5. 重要	3	18.75%
6. 重要和重要得多之间	0	0%
7. 重要得多	1	6.25%
8. 重要得多与绝对重要之间	1	6.25%
9. 绝对重要	0	0%
后：前，则填倒数	0	0%

第 51 题　教师引导和鼓励学生参与：学生兴趣浓厚，融入课堂，积极讨论，思维活跃（前：后）［单选题］

本题平均分：2.5

选项	小计	比例
1．同等重要	7	43.75%
2．同等重要与略微重要之间	1	6.25%
3．略微重要	3	18.75%
4．略微重要和重要之间	1	6.25%
5．重要	1	6.25%
6．重要和重要得多之间	1	6.25%
7．重要得多	1	6.25%
8．重要得多与绝对重要之间	0	0%
9．绝对重要	0	0%
后：前，则填倒数	1	6.25%

第 52 题　学生清晰地表达，不含糊和产生歧义：学生准确回答问题，有深度和广度（前：后）［单选题］

本题平均分：2.5

选项	小计	比例
1．同等重要	9	56.25%
2．同等重要与略微重要之间	1	6.25%
3．略微重要	1	6.25%
4．略微重要和重要之间	1	6.25%
5．重要	2	12.5%
6．重要和重要得多之间	2	12.5%
7．重要得多	0	0%
8．重要得多与绝对重要之间	0	0%
9．绝对重要	0	0%
后：前，则填倒数	0	0%

第 53 题　学生清晰地表达，不含糊和产生歧义：激发学生地理核心素养（前：后）[单选题]

本题平均分：2.31

选项	小计	比例
1. 同等重要	8	50%
2. 同等重要与略微重要之间	2	12.5%
3. 略微重要	0	0%
4. 略微重要和重要之间	1	6.25%
5. 重要	3	18.75%
6. 重要和重要得多之间	1	6.25%
7. 重要得多	0	0%
8. 重要得多与绝对重要之间	0	0%
9. 绝对重要	0	0%
后：前，则填倒数	1	6.25%

第 54 题　学生准确回答问题，有深度和广度：激发学生地理核心素养（前：后）[单选题]

本题平均分：2.19

选项	小计	比例
1. 同等重要	11	68.75%
2. 同等重要与略微重要之间	0	0%
3. 略微重要	1	6.25%
4. 略微重要和重要之间	1	6.25%
5. 重要	2	12.5%
6. 重要和重要得多之间	0	0%
7. 重要得多	1	6.25%
8. 重要得多与绝对重要之间	0	0%
9. 绝对重要	0	0%
后：前，则填倒数	0	0%

第 55 题　课后及时反思总结，并提炼经验：课堂提问艺术、技能提升（前：后）［单选题］

本题平均分：2.94

选项	小计	比例
1. 同等重要	8	50%
2. 同等重要与略微重要之间	0	0%
3. 略微重要	3	18.75%
4. 略微重要和重要之间	0	0%
5. 重要	3	18.75%
6. 重要和重要得多之间	0	0%
7. 重要得多	1	6.25%
8. 重要得多与绝对重要之间	1	6.25%
9. 绝对重要	0	0%
后：前，则填倒数	0	0%

第四章

高中地理课堂提问存在的问题及其原因

一、问卷调查说明

为了更加准确地了解高中地理课堂实践过程中，教师在课堂提问时教师普遍存在的问题，并根据问题探索其原因及提出相应的实施策略，以提升课堂实效。笔者采用问卷调查的形式，对云浮市5个县市区的地理教师共101人做了调查，101人中92.08%为本科学历，7.92%为硕士研究生学历；高中学段教师89人，其中高三45人；0～5年教龄的20人，6～15年教龄的39人，16年以上教龄的42人；地理二级教师48人，一级教师35人，高级教师18人。笔者采用问卷星设计了调查问卷，并获得了统计分析的结果，从中我们可以发现教师对课堂提问的实施、设计等方面存在的一些问题，为本研究开展策略研究提供了很好的依据。

二、调查结果分析

第8题：您是否对地理课堂有效提问的相关理论有过研究？　[单选题]

选项	小计	比例
有较深入的研究和思考	13	12.87%
有过研究，但是不系统	53	52.48%
偶尔涉猎相关书籍和浅层思考	30	29.7%
没有进行相关研究	5	4.95%
本题有效填写人次	101	

调查问卷从第8题开始对教师对于课堂有效提问进行全面了解。从第8题的数据分析来看，对地理课堂有效提问有关理论有较深入研究和思考的教师仅占12.87%，80%以上

的教师有过研究但不系统或有一些浅层的思考，还有 4.95% 的教师从来没有过相关研究。说明教师认识到课堂有效提问是重要的，也有提高提问有效性的意识，但缺乏系统的研究，当前对于高中地理课堂有效提问的研究还不多，地理学科专业性质的研究就更少了，所以本研究对高中地理课堂有效提问进行系统研究并提出相应的实施策略，是具有重要意义的。

第 9 题：您认为设计好地理课堂提问的问题很重要？ [单选题]

选项	小计	比例
非常不认同	2	1.98%
不认同	1	0.99%
一般	0	0%
认同	41	40.59%
非常认同	57	56.44%
本题有效填写人次	101	

第 9 题的设计旨在了解教师们对课堂有效提问的问题设计的重要性的认识。从调查数据分析来看，绝大多数的教师都认为课堂提问时问题设计很重要，一定程度上影响课堂的质量和效果；也有约 3% 的教师认为课堂提问的设计不重要，这可能与上课的模式和自身的认知以及教学理念的差异有关。按照新课改的要求，应该切实尊重学生的主体地位，教师发挥主导作用，引领学生学会思考，培养其地理思维、关键能力和核心素养，因而合理的设计课堂提问十分必要，将知识结构化，将结构问题化，再将问题情境化，是我们提升课堂实效的有效途径，值得我们探索和研究。

第 10 题：您认为自己重视地理课堂的有效提问吗？ [单选题]

选项	小计	比例
非常不重视	1	0.99%
不重视	0	0%
一般	13	12.87%
重视	53	52.48%
非常重视	34	33.66%
本题有效填写人次	101	

第 10 题侧重了解地理教师对地理课堂有效提问的重视程度。从统计数据来看，约 86% 的教师比较重视课堂有效提问，但有 12.87% 的教师不够重视，有约 1% 的教师甚至

非常不重视。所以通过系统研究，制定课堂有效提问的实施策略，并给予相应的设计案例，引导教师们重视课堂有效提问，提高教学效果十分必要。有些教师进行课堂提问时具有随意性，或者整节课都是在进行讲授，不对学生进行提问，提问缺乏逻辑性或者过于简单，趋向程式化，只是简单提问“是或不是”，不利于学生地理思维能力的培养。因此，引起教师重视课堂提问，懂得如何进行提问是当前非常值得研究的一项课题。

第 11 题：您是否对地理课堂的问题设计有过研究？［单选题］

选项	小计	比例
有较深入的研究和思考	9	8.91%
有过研究，但是不系统	64	63.37%
偶尔涉猎相关书籍和浅层思考	21	20.79%
没有进行相关研究	7	6.93%
本题有效填写人次	101	

第 11 题主要调查了解地理教师对课堂提问的设计情况。从数据统计可以看出有较深入的研究和思考的仅有 9 位教师，占比 8.91%；有过涉猎或浅层思考的教师占绝大多数，从来没有进行过相关研究的有 7 位教师，占比 6.93%。可见大多数教师对于如何设计地理问题是缺乏系统认知的，也不知道怎样设计才是科学的，这需要我们提出一定的设计原则，并建立一套科学的评价体系去进行衡量，以帮助教师在实施教学时作为参考和对照，逐步提高问题设计的水平。

第 12 题：您认为您在问题设计中突出了高中地理教材的重点和难点？［单选题］

选项	小计	比例
非常不认同	0	0%
不认同	0	0%
一般	14	13.86%
认同	62	61.39%
非常认同	25	24.75%
本题有效填写人次	101	

第 12 题着重了解地理教师在进行问题设计时是否突出教学的重难点，约 86% 的教师持认可的观点，说明在进行问题设计时是围绕章节的教学目标设计的，设计时注重突破教学的重点和难点，也有 14% 的教师在进行问题设计时没有做到重难点突出，这样容易导致教学目标不够清晰，从而影响课堂教学的效果，这是值得探究和引起重视的。重点是学

生需要掌握的必备知识，难点是课堂需要借助一定的多媒体技术、工具、描述等方式突破的障碍点，是帮助学生提升思维能力和知识水平的阶梯，因此围绕教学的重点和难点进行地理问题设计十分必要。

第 13 题：您认为您设计的问题具有层次化，符合地理事物的发展规律和学生的认知水平？［单选题］

选项	小计	比例
非常不认同	0	0%
不认同	1	0.99%
一般	20	19.8%
认同	58	57.43%
非常认同	22	21.78%
本题有效填写人次	101	

第 13 题侧重了解教师在进行地理问题设计时，是否基于地理事物的发展规律和学生的认知水平，以及在进行问题设计时是否存在逻辑性。从调查数据来看，约 80% 的教师认为自己的问题设计是有梯度、符合逻辑的，也是符合地理事物的发展规律和学生的认知规律的，但也有近 20% 的教师认为在进行问题设计时欠缺深入考虑，没有对问题进行精心、缜密、规范的设计，高于或低于学生的认知水平，这会导致问题的设计无效或者耗费的时间很长，影响教学目标的完成。在进行问题设计时应由浅入深，层层深入，围绕一个主题情境进行深入挖掘，结合班情和学情进行设计，要尽量符合所教班级学生的认知水平，这样才能做到教学相长，提高教学效果，在问题设计时应当参照《新课程标准》《高考评价体系》进行设计，提高问题设计的科学性。

第 14 题：您认为您设计的问题具有生活情境化，体现乡土地理内容的特点？［单选题］

选项	小计	比例
非常不认同	0	0%
不认同	0	0%
一般	18	17.82%
认同	55	54.46%
非常认同	28	27.72%
本题有效填写人次	101	

第 14 题侧重了解地理教师在进行问题设计时是否基于生活情境进行设计，设计时是否融合了乡土地理的内容。从统计数据来看，样本中 82% 左右的教师在设计时有考虑从生活中的地理出发，选取一定的代表性情境，结合区域的现实案例进行地理问题设计，以帮助学生理解知识，提高学习效率。还有约 18% 的教师这种意识还不够，可能对教材和教辅资料的依赖程度相对较高，实际教学中，部分教师完全依赖教材和教辅，没有做到“基于教材，高于教材”，对教材的重点知识缺乏情境化处理，与生活、区域结合不够紧密。从设计上，我们要提倡学有用的地理，地理来源于生活，要让学生将所学的地理知识应用于解释生活中的地理现象，让他们体会学习地理的乐趣，培养地理核心素养和关键能力。

第 15 题：您认为您设计的问题类型是多样化的？ [单选题]

选项	小计	比例
非常不认同	0	0%
不认同	0	0%
一般	26	25.74%
认同	56	55.45%
非常认同	19	18.81%
本题有效填写人次	101	

第 15 题主要了解地理教师在进行问题设计时问题类型是否有深层次的考虑，是否多样化。从数据上来看，样本中约 84% 的教师在进行地理问题设计时有考虑地理问题的类型，约 26% 的教师对此缺乏深入考虑，设计时可能相对随意。在进行地理问题设计时应当遵循一定的原则，应当以《新课程标准》《高考评价体系》为基本依据，并参照高考题的基本设计方式进行变式训练，设计时可以分特征类、过程类、原因类、措施类等进行多样化处理，对问题设计的类型可以进行系统的研究，设计时要有意识地将问题设计多样化，以培养学生的应变能力和地理思辨能力。

第 16 题：您认为您设计的问题具有启发性？ [单选题]

选项	小计	比例
非常不认同	0	0%
不认同	0	0%
一般	18	17.82%
认同	59	58.42%
非常认同	24	23.76%
本题有效填写人次	101	

第 16 题侧重了解教师在设计地理问题时是否注意启发式教学。样本中，约 82% 的教师有意识进行启发式教学，约 18% 的教师对于问题设计的启发性和启发式教学模式缺乏足够的认识。启发式教学是指教师在教学过程中根据教学任务和学习的客观规律，从学生的实际出发，采用多种方式，以启发学生的思维为核心，调动学生的学习主动性和积极性，以促使他们生动活泼地学习的一种教学指导思想。与传统教学相区别，启发式教学主要是教师通过问题设计逐步引导学生进行思考，不断提升学生的思维水平，是值得深入研究和探索并应用到教学实践的课堂模式。

第 17 题：您善于借助地理图像等地理信息技术工具进行提问？ [单选题]

选项	小计	比例
非常不认同	1	0.99%
不认同	1	0.99%
一般	24	23.76%
认同	52	51.49%
非常认同	23	22.77%
本题有效填写人次	101	

第 17 题主要了解地理教师在进行提问时是否借助现代教育信息技术整合地理教学资源进行提问。从样本的统计分析来看，有约 74% 的教师采用了多媒体信息化教育方式展示地理情境或素材进行提问，有约 24% 的教师用得少或直接用教材或教辅提问，还有约 2% 的教师基本不用或用得很少。随着时代的发展，结合地理的学科特点，应用多媒体、希沃白板等现代化教育信息手段直观展示地理的视频、图片、素材等，再让学生思考问题，可以提高课堂的教学效果，给学生留下更加深刻的印象。这也是新课程改革所提倡的。

第 18 题：您认为您的提问表述准确、科学？ [单选题]

选项	小计	比例
非常不认同	0	0%
不认同	0	0%
一般	25	24.75%
认同	58	57.43%
非常认同	18	17.82%
本题有效填写人次	101	

第 18 题侧重了解地理教师在进行课堂提问时表述是否准确、科学。从数据统计来看，样本中约 75% 的教师认为自己的提问是相对准确科学的，对问题的设计是经过精心思考的；约 25% 的教师认为自己在进行课堂教学时的提问准确性和科学性还有待加强。课堂提问的准确性和科学性直接关系到教学目标的实现，通过准确的提问可以引导学生正确地进行地理思维，通过深化、点拨、讨论、评价等方式，提升学生的综合思维能力，突破学科知识的重点和难点。很多情况下，由于教师提问的准确性和科学性出现偏差，学生在回答问题时会偏离方向，甚至会得到一些令人哭笑不得或南辕北辙的答案，因此，教师在教学实施的过程中，提问的准确性和科学性值得探索和深入研究。

第 19 题：您认为您的提问语言清晰、流畅？［单选题］

选项	小计	比例
非常不认同	0	0%
不认同	1	0.99%
一般	17	16.83%
认同	62	61.39%
非常认同	21	20.79%
本题有效填写人次	101	

第 19 题侧重了解地理教师在教学过程中语言是否清晰、流畅。从统计数据来看，样本中约 82% 的教师认为授课过程中自己的提问语言比较清晰流畅，约 18% 的教师认为自己提问的语言还有提升的空间。当然，语言的流畅性与教师本身的专业素养、知识构成等有较大的关系，地理的提问一般涉及地理术语，也是地理学科特色的体现，因此清晰地表达地理问题是很关键的，但平时在授课的过程中要指导学生学习、理解、调用地理术语进行专业表达，这样在教师进行提问时才能理解提问的内涵，从而做出正确的回答。

第 20 题：您认为您的提问语言表达丰富，有表现力和感染力？［单选题］

选项	小计	比例
非常不认同	0	0%
不认同	0	0%
一般	26	25.74%
认同	56	55.45%
非常认同	19	18.81%
本题有效填写人次	101	

第20题侧重了解地理教师在实施地理教学过程中，提问语言是否有表现力和感染力。从统计数据来看，样本中约74%的教师认为自己的语言是富有表现力的，能够感染学生，调动学生学习和回答问题的积极性；约26%的教师认为自己的提问表现力和感染力不够，一定程度上影响了课堂氛围和互动的效果，进而对教学的效果产生了相应的影响。新课程改革强调“以学定教”，教师提问的语言会直接影响学生回答问题的积极性，有的教师授课富有激情，语言有张力，甚至多学科融合或富有哲理、文采等，能激发学生的学习兴趣，所以教师自身的教学风格的形成是值得总结和探索的，其中教学语言的使用是需要深究和不断改进的，这能促进教师的个人成长，另一方面与学生建立良好的互动关系能大大提高学习效率。

第21题：您认为您的提问面向全体学生，做到公平、公正？ [单选题]

选项	小计	比例
非常不认同	0	0%
不认同	1	0.99%
一般	17	16.83%
认同	62	61.39%
非常认同	21	20.79%
本题有效填写人次	101	

第21题侧重了解地理教师在课堂提问过程中是否面向全体学生，做到公平、公正。样本中约82%的教师认为自己做到了对全体学生公平公正，一视同仁，无论是优秀的或是稍微落后的学生都一样的提问，并不是经常提问某几个优秀的学生，造成相对落后的同学存在较大心理压力或产生自卑心理；但有约17%的教师认为自己在提问时没有完全做到面向全体学生；还有1%的教师认为自己在这方面考虑不周全，没有做到公平、公正，面向全体学生。新课程改革很重视学生的参与状态：学生是否全员参与学习活动；是否积极主动地投入思考并踊跃发言；是否自觉地进行练习等，是评价课堂教学的重要标准。如果教师在提问时只提问相对优秀的学生，而不提问相对落后的学生，这是不符合课改要求的，课堂提问的覆盖面应当拓宽，引入启发式教学，可以采用分组合作、讨论、探究、展示等形式，增加学生的参与度，如果一节课仅提问个别，其他同学没有参与进来，也没有进行深层次思考的话，这节课的效果应当不会太好。因此，教师在进行课堂提问时，应当面向全体学生，采用适合班情的教学模式，让所有同学参与进来，让不同层次的学生表达自己的观点，教师予以引导和点拨，让学生发现自身的优点和不足，这就能体现课堂的生成性，也有助于学生核心素养的形成。

第 22 题：您认为您能根据问题类型选择合适的学生作答，以及考虑学生之间的差异性？ [单选题]

选项	小计	比例
非常不认同	0	0%
不认同	0	0%
一般	24	23.76%
认同	60	59.41%
非常认同	17	16.83%
本题有效填写人次	101	

第 22 题侧重了解地理教师在课堂提问时是否考虑学生的差异性从而选择合适的学生作答。从统计数据来看，样本中约 76% 的教师认为自己在提问时是基于学生的基础，有选择性地挑选合适的学生回答问题；约 24% 的教师则认为在课堂提问时没有考虑或对学生的差异性考虑比较少，选择学生回答问题时具有随机性。在进行课堂提问时，应当考虑对象选择，这要求教师需深入掌握学情，了解每个学生的学习情况，然后根据问题设计的难度选择相应层次的学生回答问题。问题如果比较难，对思维层次要求高，选择基础相对薄弱的学生回答不仅会耗费更多的时间，也可能挫伤学生的积极性；比较简单的基础问题选择优秀的学生回答，则起不到启发、生成的效果，适合选择基础相对薄弱的学生回答，以帮助他们夯实基础。

第 23 题：您认为您在提问过程中，先提问，后叫答？ [单选题]

选项	小计	比例
非常不认同	0	0%
不认同	0	0%
一般	10	9.9%
认同	70	69.31%
非常认同	21	20.79%
本题有效填写人次	101	

第 23 题侧重了解教师在教学过程中实施提问的顺序，约 90% 的教师遵循先提问后叫答的顺序，约 10% 的教师在提问操作过程中可能并不是遵循这一顺序。先提问给予学生一定的讨论、探究候答时间，然后叫答，有利于学生针对问题深入思考，提高课堂的参与度和收获感；有的教师可能先叫答，然后再提问，这样可能一定程度上给学生造成压力，学生不知道教师将要提出的问题是什么，心理上可能会有紧张感，影响应答发挥。当然，

课堂组织和教学实施有多种途径和形式，具体需根据教学需要做合理调整，不同的学生对不同教师的教学风格的适应性也不同，因此在考虑课堂提问的顺序时应当基于学情，但给予学生足够的候答时间，让他们充分思考是必要的。

第 24 题：您认为您提问的范围明确、具体？ [单选题]

选项	小计	比例
非常不认同	0	0%
不认同	0	0%
一般	13	12.87%
认同	73	72.28%
非常认同	15	14.85%
本题有效填写人次	101	

第 24 题侧重了解地理教师在进行课堂提问时范围是否明确、具体，约 87% 的教师认为自己在提问时范围是明确的、具体的，约 13% 的教师认为自己在提问时范围不够明确和具体。提问的范围是否具体总体来说还是问题设计的问题，在进行问题设计时要有明确的范围指向，不能笼统，逻辑应该准确，从而引导学生做出正确的回答，达到预期的教学目标。

第 25 题：您认为您在提问时创设了问题情境，并让学生积极参与？ [单选题]

选项	小计	比例
非常不认同	0	0%
不认同	0	0%
一般	20	19.8%
认同	61	60.4%
非常认同	20	19.8%
本题有效填写人次	101	

第 25 题旨在了解地理教师在课堂提问时是否创设问题情境，以贴近生活的实际案例激发学生的探究欲。从统计数据来看，样本中约 80% 的教师能够以情境作为引导学生思考的背景材料，以典型而真实的案例进行问题设计引导学生深入探索地理现象的发生与发展过程；约 20% 的教师在实施课堂教学时，并没有完全做到以具体情境导入，层层深入引导学生探索，很多情况下以教材或以教辅资料为蓝本顺序讲授，没有真正发挥学生的“主体地位”。教学情境是指在课堂教学中，根据教学的内容，为落实教学目标所设定的，适

合学习主体并作用于学习主体，产生一定情感反应，能够使其主动积极建构性学习的具有学习背景、景象和学习活动条件的学习环境。在新课程改革的背景下，基于问题情境，以问题研究为平台的建构性教学成为课堂教学主流，教师的“创设教学情境能力”也随之成为重要的教师专业能力，也是改变传统教学模式学生被动式接受的重要变革，基于学科特点，创设具有学科特色、贴近生活、具有启发性的情境，能大大活跃课堂氛围，增强学生的注意力，提升学生的分析和解决实际问题的能力，提高课堂效率。

第 26 题：您认为您给予学生充足的候答时间？　[单选题]

选项	小计	比例
非常不认同	0	0%
不认同	0	0%
一般	28	27.72%
认同	58	57.43%
非常认同	15	14.85%
本题有效填写人次	101	

第 26 题旨在了解地理教师在提问时是否给予学生充足的候答时间。从统计的数据看，样本中约 72% 的教师认为在教学实施过程中提问时给学生的候答时间是充裕的，但也有约 28% 的教师认为自己给的候答时间不够充裕。很多情况下，为了完成教学内容，教师在提问时给予学生思考的时间比较短，学生还没有经过充分思考就被叫答，往往导致学生回答不全面、语言不流畅或不知如何回答，这样即使在教师的引导下回答出问题，实际耗用的时间可能会更长，不仅学生的思维能力没有得到有效提升，也影响教学目标的实现。提问时，在基于学情的基础上，应当给予学生合适的时间进行思考，问题有深度、难度较大时可以适当延长候答时间，问题难度比较小时，候答时间可以适当缩短。

第 27 题：您认为您给予学生的候答时间和问题难易程度相匹配？　[单选题]

选项	小计	比例
非常不认同	0	0%
不认同	0	0%
一般	30	29.7%
认同	55	54.46%
非常认同	16	15.84%
本题有效填写人次	101	

第 27 题主要了解教师在课堂提问时给予学生的候答时间和问题难易程度是否匹配。从数据分析来看，样本中约 70% 的教师认为自己在教学中给予学生的候答时间是与题目难度匹配的，约 30% 的教师则认为给予学生的候答时间和难易度把握得并不是很好。在进行问题设计时，应当考虑题目的梯度，不同难度的问题给予学生的候答时间应当不同，且在不同基础的班级提问同类问题时候答时间也应当有所不同。

第 28 题：您认为您能充分灵活运用候答时间观察学生并思考？［单选题］

选项	小计	比例
非常不认同	0	0%
不认同	0	0%
一般	27	26.73%
认同	54	53.47%
非常认同	20	19.8%
本题有效填写人次	101	

第 28 题侧重了解地理教师在教学过程中是否合理利用学生候答时间，从数据分析来看，样本中约 73% 的教师认为自己在等候学生作答时会注意观察学生的状态并思考学生可能给出的答案并做出应对，约 27% 的教师认为自己在实际教学过程中，对候答时间的利用不够或对学生的学习、讨论的关注度不够，譬如学生有没有开小差、发呆等情况。候答时间内，教师应细致观察学生的学习状态，观察学生是否真正参与讨论，了解学生的参与状态、交往状态和思维状态，针对学生的学习状态选择合适的同学提问。

第 29 题：您认为您在学生回答问题时能认真倾听学生回答，不打断学生回答？［单选题］

选项	小计	比例
非常不认同	0	0%
不认同	0	0%
一般	12	11.88%
认同	63	62.38%
非常认同	26	25.74%
本题有效填写人次	101	

第 29 题侧重了解地理教师在课堂教学过程中是否认真倾听学生回答问题，不打断学生回答。数据显示，约 88% 的教师能够做到认真倾听学生回答，不打断学生；约 12% 的

教师觉得自己做得还不够好，存在打断学生的现象。新课程改革认为要树立新的学生观，学生不是被人塑造和控制、供人驱使和利用的工具，而是有其内在价值的独特存在，学生即目的。每一个学生既是具有独特性、自主性的存在，又是关系中的存在。在提问时应当尊重学生的个性，给予学生表达自我、展现自我的机会，所以在提问时，作为教师应认真倾听学生的回答，找出其存在的优缺点，给予正确的引导和评价，帮助学生树立自信。

第 30 题：您认为您在学生回答问题时会注重引导和探究？ [单选题]

选项	小计	比例
非常不认同	0	0%
不认同	0	0%
一般	11	10.89%
认同	64	63.37%
非常认同	26	25.74%
本题有效填写人次	101	

第 30 题侧重了解地理教师在学生回答问题时是否注重引导和探究。样本数据显示，约 89% 的教师认为自己在教学过程中是注重引导学生回答的，针对提出的问题学生没有思路或回答不准确、不全面时，教师通过提示逐步引导学生思考，破解难题。约 11% 的教师认为自己在引导学生回答问题方面做得还不够好或者说还有探索空间。很多情况下，教师在请学生回答问题时，听完学生的回答仅给予正确或错误的评价，回答完就叫学生坐下了，很少追问或引导学生深入探究，难以让师生的思维火花产生碰撞，这也是一个相对普遍的现象。

第 31 题：您能根据不同的问题类型采用多样化的理答方式？ [单选题]

选项	小计	比例
非常不认同	0	0%
不认同	0	0%
一般	19	18.81%
认同	57	56.44%
非常认同	25	24.75%
本题有效填写人次	101	

第 31 题侧重了解地理教师在教学过程中的理答方式是否多样化，样本中约 81% 的教师认为自己的理答方式是多样化的，约 19% 的教师则认为还有进步的空间。不同的问题

类型理答方式也存在差异，如何让学生理解提问的含义以达到预期的教学目标，需要根据不同的问题采取不同的理答方式。

第 32 题：您能对学生的回答进行积极的评价和给予学生鼓励性评价？ [单选题]

选项	小计	比例
非常不认同	0	0%
不认同	0	0%
一般	16	15.84%
认同	62	61.39%
非常认同	23	22.77%
本题有效填写人次	101	

第 32 题侧重地理教师在学生回答问题后是否给予积极的鼓励性评价。约 84% 的教师认为自己在学生回答问题后能够给予鼓励性评价，进行正向刺激，以激发学生的学习兴趣，提振信心；约 16% 的教师认为自己在课堂教学过程中，在评价方面做得还不够。新课程改革指出，评价是一个教育的过程，是一个发展的过程，是一个共建的过程，是一个充满人文关怀的过程，是民主、平等和科学的过程。很多情况下，学生在回答完问题后，教师就叫学生坐下了，没有指出学生回答的过程中存在的问题、亮点或不足，以便给出相应的示范，让学生获得正确的认知。无论学生回答得如何，教师如能给予鼓励性评价，则能使课堂氛围更加融洽，师生关系更加和谐，能持续提高学生的参与度，进而提高课堂实效。

第 33 题：您认为您的课堂提问促使学生积极回答问题？ [单选题]

选项	小计	比例
非常不认同	0	0%
不认同	0	0%
一般	19	18.81%
认同	62	61.39%
非常认同	20	19.8%
本题有效填写人次	101	

第 33 题侧重了解地理教师在提问时是否通过一定方式促使学生积极回答问题。从统计数据来看，约 81% 的教师认为在提问时自己有通过鼓励、督促、指定、分组讨论等方式促使学生积极回答问题，也有约 19% 的教师认为在这方面还有提升的空间。不同的班级，

学生的构成存在差异，学生的基础也存在差异，课堂的氛围当然也有差异，这需要教师在授课时根据班情调节课堂氛围，激发学生学习、讨论、探究的欲望。很多情况下，如果课堂氛围不好，学生不愿意回答教师的问题，师生互动比较少，即使教师指定学生回答，学生要么是回答不出来，要么回答得不好，会造成一种尴尬的氛围，影响教学效果。因此地理教师应当重视学习氛围的营造，通过合理地进行情境设计、问题设计，提倡学生大胆地展示、表达自我，营造轻松、民主、和谐、活泼的课堂氛围，可以大大提高课堂效率。

第 34 题：您认为您的课堂提问达到引导和鼓励学生参与的效果？ [单选题]

选项	小计	比例
非常不认同	0	0%
不认同	0	0%
一般	16	15.84%
认同	65	64.36%
非常认同	20	19.8%
本题有效填写人次	101	

第 34 题侧重了解教师在进行课堂提问时是否达到引导和鼓励学生参与的效果。从统计数据来看，样本中约 84% 的教师认为自己的课堂提问能够引导和鼓励学生积极参与到课堂教学中来，约 16% 的教师通过课堂提问激发学生参与到课堂中来的效果不佳或有待提升。课堂提问是引导学生积极参与教学过程的重要手段但并不是唯一的手段，仅针对少数学生的提问会使得大部分学生无所适从，从而降低课堂效率，甚至导致部分学生丧失学习兴趣。

第 35 题：您认为您的课堂提问让学生产生浓厚的兴趣，达到融入课堂，积极讨论和活跃思维的效果？ [单选题]

选项	小计	比例
非常不认同	0	0%
不认同	0	0%
一般	22	21.78%
认同	55	54.46%
非常认同	24	23.76%
本题有效填写人次	101	

第35题侧重了解地理教师的课堂提问是否让学生产生浓厚的兴趣，达到融入课堂、活跃思维的效果。从统计数据来看，样本中约78%的教师认为自己的课堂提问能引发学生积极讨论，使学生合作学习，交换自己的思考，从而培养地理的基本思维能力，约22%的教师认为自己的课堂提问未达到活跃学生积极思维，引发学生共鸣的效果。问题作为课堂提问的基础，直接影响教学目标的实现，科学、合理且让学生感兴趣、贴近学生生活的问题能激发学生的探索欲；而如果课堂提问设计不够科学，晦涩难懂或者没有选取引发学生兴趣的情境，就会降低学生的参与度和兴趣，学生会觉得索然无味，当然就会影响教学的效果。

第36题：您认为学生在回答问题时能清晰表达，语言不含糊和产生歧义？ [单选题]

选项	小计	比例
非常不认同	2	1.98%
不认同	2	1.98%
一般	38	37.62%
认同	44	43.57%
非常认同	15	14.85%
本题有效填写人次	101	

第36题侧重了解地理教师在提问后学生能否清晰表达，语言不产生歧义。从统计数据看，样本中约58%的教师在实际教学过程中感觉到学生作答时能够清晰表达自己的观点，约38%的教师则发现学生回答问题时语言及表达能力不尽如人意，还有4%的教师的感受是学生回答问题时不能清晰地表达自己的观点，甚至语无伦次，毫无逻辑。这需要教师引导、纠正、示范，并创造更多机会给学生展示自我，提升思维能力、表达能力，从而提升学生发展的核心素养和学科的核心素养。

第37题：您认为在提问过程中学生能准确回答问题，且有深度和广度？ [单选题]

选项	小计	比例
非常不认同	0	0%
不认同	1	0.99%
一般	42	41.58%
认同	45	44.56%
非常认同	13	12.87%
本题有效填写人次	101	

第 37 题侧重了解教学过程中地理教师提问后，学生能否准确作答并有一定的深度和广度。从统计数据看，样本中约 57% 的教师的体验是学生能够较准确地回答提问，且对问题有自己的思路和认知；约 42% 的教师则认为学生不能准确回答问题，且存在语言不流畅、逻辑混乱、重复作答等问题；还有 1% 的教师则得到学生基本不能准确回答问题的体验。学生能否准确回答问题与教师的问题设计、措辞的准确性和学生基础、理解能力、学科素养有较大的关系，不同的学生或班级回答同样的问题结果可能有较大的差异，而作答的深度与广度更与学生本身的素养有关，从建构主义理论来看，学生是从自己的经验出发建构知识系统的，而不是被传授。所以教师在重视如何教的同时，更应教会学生如何学。

第 38 题：您认为您在提问过程中有效激发学生产生问题意识？ [单选题]

选项	小计	比例
非常不认同	0	0%
不认同	0	0%
一般	30	29.7%
认同	51	50.5%
非常认同	20	19.8%
本题有效填写人次	101	

第 38 题侧重了解地理教师在课堂教学过程中是否通过提问有效激发学生的问题意识。从统计数据来看，样本中约 70% 的教师认为自己在授课过程中能够引导和激发学生的问题意识，约 30% 的教师认为自己在这方面做得还不够。课堂是对话、沟通、交往、合作、探究、展示的平台，是新认识的生长点，新激情的鼓动器，好的课堂应当使学生带着疑问进课堂，带着更多的疑问出课堂。当前，很多地区特别是欠发达地区的学生问题意识还相对薄弱，趋向于被动接受，而不是主动探究，培养学生的问题意识和探究意识，培育创新思维具有十分重要的意义，也是新课程改革的要求。

第 39 题：您认为您的提问有效提升学生地理核心素养？ [单选题]

选项	小计	比例
非常不认同	0	0%
不认同	0	0%
一般	22	21.78%
认同	58	57.43%
非常认同	21	20.79%
本题有效填写人次	101	

第39题侧重了解地理教师在课堂教学时提问是否有效提升学生的核心素养。数据显示，样本中约78%的教师认为自己的课堂提问是有利于培养学生的核心素养的，约22%的教师则认为自己的课堂提问对培养学生的核心素养还有提升的空间。地理的核心素养主要包括区域认知、综合思维、人地协调观、地理实践力，在进行地理问题设计时应当充分考虑地理核心素养的培养，通过合理的情境引导学生探究思考，化育地理学科的关键能力，夯实必备知识。

第40题：您认为您在课后及时反思课堂提问存在的不足，并总结提炼改进经验？ [单选题]

选项	小计	比例
非常不认同	0	0%
不认同	0	0%
一般	18	17.82%
认同	65	64.36%
非常认同	18	17.82%
本题有效填写人次	101	

第40题侧重了解地理教师在课后是否有反思课堂提问存在的不足，并不断总结改进。统计数据中，样本约82%的教师课后是有反思和总结课堂提问的不足的，约18%的教师则认为自己还有待加强。教学反思是改进课堂教学，促进教师专业成长的重要途径，课堂提问能够反映问题设计是否合理，反映学生的学习状态，反映学生的思维状态和知识结构的情况，能够给教师优化课堂和教学设计提供参考依据，因此教师应当重视并反思课堂提问的优点和不足，不断加以改进，打造更加有效的课堂。

第41题：您认为您在课后有思考如何进一步提升课堂提问艺术和技能？ [单选题]

选项	小计	比例
非常不认同	0	0%
不认同	0	0%
一般	13	12.87%
认同	67	66.34%
非常认同	21	20.79%
本题有效填写人次	101	

第 41 题旨在了解地理教师是否课后有思考进一步提升课堂提问的艺术和技能。样本数据显示，约 87% 的教师课后是有思考如何进一步提升课堂提问艺术和技能的，约 13% 的教师认为还有提升空间。“学然后知不足，教然后知困”，如何让课堂提问更加科学并成为提高课堂参与度提升课堂效率的利器是值得探索的，只有不断反思不足，不断总结和改进，课堂提问的技巧和水平才能逐步提高。教师可以通过观摩优秀教师示范课，听同科组教师的公开课参与评课，到珠江三角洲等发达地区交流学习，或通过阅读相关的书籍，或整合网络资源，不断提升自身的专业素养和问题设计水平以及驾驭课堂的能力。

第五章 高中地理课堂提问存在的问题剖析

课堂是教学活动实施的主阵地，课堂提问是课堂教学的常规组织形式，在新课程改革背景下，教学理念发生变革，教学逐渐由“教”转变为“学”，由传统的“填鸭式”教学向发挥学生学习主动性转变。当前，在粤东西北的教育欠发达地区部分教师和学生的问题意识还比较薄弱，对于课堂设计的重视程度还不够，根据对上述101位教师和部分同学的调查分析，当前，高中地理课堂提问主要存在以下一些问题。

1. 教师对课堂提问的重视程度和研究不够

笔者在调查和平时与教师的交流中发现，很多教师对地理课堂提问缺乏正确、科学的认知，也没有对如何进行课堂提问进行过系统的研究，很多都是随意而为，有的教师甚至一节课都在讲授，没有提一个问题，学生完全处于被动接受状态，也就是说即使新课改提了这么多年，很多教师的理念还没有得到更新。他们没有通过继续学习、阅读书籍、培训、交流等渠道改变教学模式，问题意识还比较弱，问题设计缺乏严谨和科学性，对如何进行问题设计也缺乏正确的认知，这也是很多地区一个普遍性的问题，需要加强研究和探索。

2. 问题设计的科学性和启发性不足

由于部分教师对课堂提问缺乏正确的认知，很多课堂提问设计是表象的，相对肤浅的，设计时对如何提高学生的思维能力和水平欠缺考虑，在课堂实操时，很多情况下还停留在“对不对”“是不是”这样的提问上，整节课下来有思维含量的提问比较少。设计上缺乏层次性，部分教师在进行地理问题设计时缺乏整体设计意识，问题设计缺乏梯度，没有针对教学目标和重难点的突破来进行深层设计。问题设计类型比较单一，很多情况下，许多教师过分强调知识掌握，设计时强调“是什么”，对“为什么”“怎么办”探究较少，或者过分强调其中某一项，不利于拓展学生思维。在进行问题设计时对学生的思维启发不足，基于乡土和生活认知的情境材料利用得少，过分依赖教材和教辅资料，不利于学生综合思维、地理实践力等核心素养的培养。问题设计的难易度欠科学考虑，有的问题过于简单，是一些基础性、知识性的问题，有的问题设计过难，学生接触得少或没有接触过，导致耗时长，学生不仅答不上来，也影响教学目标的完成，应根据学情合理设计。

3. 提问数量、对象选择不当，学生参与度不够

在课堂教学过程中，很多教师要么提问的数量过多，且很多是记忆性的知识问题，对于启发学生思维作用不大，要么就是提问很少，甚至一节课都不提问，完全由教师讲授，没有突出学生的主体地位，与新课程改革的要求对立。在叫学生回答问题时，没有考虑分层教学、因材施教的特点，比较基础的题可能选择优秀的同学作答，这类学生基础比较好，不用怎么思考就能轻易回答出问题；而比较难的题可能又选了基础薄弱的同学回答，学生回答不出来，比较尴尬，同时要很长的时间引导才可能回答出问题，耽误了时间，影响了教学进度，基础好的同学整节课下来收获不多。因此，教师要注意合理设计问题数量并研究学情选择合适的同学来回答问题。由于问题设计的有限性，一节课部分教师仅提问极少数同学，如果不是分组讨论再展示答案的话，很多同学没有参与到问题的思考和解决过程中来，属于课堂的“观众”，有的教师为完成教学目标甚至只提问成绩相对优秀的同学，对一般或学习相对落后的学生来说，对其自尊心和自信心是一种伤害，也影响了这类同学的学习积极性，学生参与度不够，不利于整体水平的提升。

4. 候答时间短，缺少鼓励性评价

地理课堂是有一定容量的，每节课也是有教学任务的，因此在教学实施的过程中，许多教师为了完成教学任务，提问一般比较仓促，很多情况下，教师展示情境材料和问题后，立即提问学生，给学生思考的时间比较短，学生慌乱中作答甚至脑袋一片空白，不知从何答起或者答不全面，逻辑混乱；也可能事先指定学生再让学生作答，但如果给学生思考的时间比较短的话，效果是一样的。学生作答后，很多教师缺少评价，特别是在学生回答不出来或回答不好的情况下，有的教师甚至叫学生站着或对学生进行批评，缺少逐步引导学生探究的耐心，有的过分注重答案的唯一性，引导时一味向标准答案靠拢，对于学生的一些想法或创新性的答案甚至持否定态度，这扼杀了很多学生的创新思维和开放性思维，很多情况下地理问题的答案并不是唯一的，对于学生的一些“奇怪”想法，我们应予以正确评价，不应直接否定，不能机械教学，唯标准答案论英雄，要多给予鼓励性评价，帮助学生树立信心，培养学科兴趣。对于回答正确的同学，在给予肯定的同时，也应当指出其不足，帮助学生认识自我，不断改进和提升，增强成就感和收获感。

5. 提问问点欠准确，生成性不足

在地理课堂教学时，很多教师提问的范围太宽泛，学生无从作答，如在讲地球运动章节地球自转内容时提问“地球是如何自转的？”，这样的提问指向不明确，这是问地球自转的方向、速度还是周期呢？有明确的范围和指向才能引导学生正确作答，很多情况下教师在授课时也存在语言表达不准确、不清晰、不专业的现象，直接影响课堂提问的质量。我们日常见到的地理课堂，还多数停留在教师对学生的提问上，教师通过问题设计引导学生不断探索新知，很少在课堂上见到学生提出问题，当学生提问教师时，有些也被忽略甚至视为扰乱课堂秩序，师生思维的交融不足。教师很少给学生时间自主提出问题，学生的问题意识也比较薄弱，一方面认为会消耗时间，导致难以完成教学任务，另一方面可能会担心学生提出一些奇怪的问题自己答不上来而难堪，学生则担心自己提的问题比较幼稚会被其他同学嘲笑，这让课堂处于教师的完全掌控之下，即使有引导、探究，课堂的生成性也显得不足。所谓教学相长，对于学生自主提出的问题，特别是好的问题、新思维视角，我们不应该抹杀，而应该与学生深入探讨，不断提升学生的综合素质和思维能力。

一、高中地理课堂有效提问的影响因素

课堂有效提问是指在教学过程中教师根据教学目标的要求，针对有关教学内容设置一系列问题，使学生通过思考、探究和回答，促进知识结构的系统化和思维能力的提升，达成教学目标。提问不仅是课堂教学过程中重要的教学手段，也是提高教学质量的有效手段。精心设计提问，能够使课堂教学结构更为合理，同时调动学生全员、全程参与学习活动，提高教学活动的实效性。课堂提问的有效实施，受诸多因素的影响，笔者通过调查、听评课、课堂实践等方式剖析影响高中地理课堂有效提问的主要因素。以下从学生层面进行阐述。

在新课程改革背景下，树立了新的学生观：学生不是被人塑造和控制、供人驱使和利用的工具，而是有其内在价值的独特存在，学生即目的。每一个学生既是具有独特性、自主性的存在，又是关系中的存在。学生首先是人，是需要走向生活的人；是“文化遗产中的人”；是“生活世界的人”“关系中的人”；是“时代中的人”；是“世界背景中的人”。新课程改革强调变革传统的授课模式，强调学生的主体地位及教师的主导作用，学生的学习能力、学科素养、个性等都是影响课堂有效提问的重要因素。

1. 地理学科的学习兴趣

“兴趣是最好的老师”，如果学生对一个学科感兴趣，自然会花一定的时间和精力去学习，如果学习的过程中能被逐渐肯定或找到一定的成就感，就会对这个学科更感兴趣，从而形成良性循环，越学越好，越学越有味。自然，对感兴趣的学科会有探究的欲望，这时，教师通过科学的问题设计，以一定的情境结合多媒体技术呈现大量且丰富的地理素材，能充分调动学生的学习积极性，增强课堂的互动性，营造良好的学习氛围。因此，在进行教学设计时，地理教师要重视考虑如何激发学生的兴趣，多角度设计生活情境型提问、悬念型提问、猜想型提问和互动交流型提问，不断提高学生的课堂参与度，使学生在思考中学习，在互动中获得新知。

2. 地理学科的基础知识

建构主义学习理论认为学习是一种建构过程，学生获得知识不是通过教师传授得到的，而是学生与外部环境交互作用的结果。学生在一定学习环境下，借助他人（包括教师和学习伙伴）的帮助，通过意义建构的方式来获取知识[1]。建构主义提倡在教师指导下以学习

者为中心的学习，既强调学习者的认知主体作用，又不忽视教师的指导作用。学习过程中，教师是意义构建的帮助者、推动者，而不是知识的传授者和灌输者。课堂有效提问注重从学生的实际出发，联系学生生活，在学生已有知识的基础上，引导学生进行更高层次的思考，帮助学生主动构建知识体系[2]。因此，学生地理学科的基础知识的强弱，直接影响课堂提问的效果，教师的很多提问是基于前面学过的基础知识，教师在进行问题设计时，要充分研究学情，合理设计问题的难易程度，以提高问题的有效性。

3. 地理学科的学习方法

“方法不对，努力白费”，好的学习方法会使学习事半功倍，能大大提高学习效率。学生没有掌握学习地理的有效方法，就会觉得地理的学习十分困难，尤其是自然地理部分，对于地理原理没有理解透彻，前后知识不连贯，没有形成完整的知识体系，知识脱节，进而对地理的学习产生退怯心理，影响上课情绪，对于教师的提问自然也无心参与或者有心无力，使得学习更加吃力，形成恶性循环。事实上，地理的规律性非常明显，自然地理部分侧重原理，要重视理解，吃透原理，重视地理事物演变过程，培养综合思维和逻辑思维；人文地理侧重区位分析，重视案例，抓好人地协调观，重视发散思维；区域是地理学研究的核心，是人文与自然的载体，重视区域特征分析和可持续发展，以具体案例为载体重视知识的迁移能力培养，在掌握地理的基本构建后，不断优化学法以提高学习效率，学生掌握了必备知识，形成地理学习的关键能力，面对教师的提问，学生的参与度会大大提高，回答问题的准确性也随之提高，这样学生可以在回答问题的过程中获得成就感，从而提振信心，激发兴趣，自然而然，课堂提问的质量会大大提高。

4. 地理学科的核心素养

《普通高中地理课程标准》对地理核心素养进行了科学的阐释，其内容主要包括人地协调观、区域认知、综合思维和地理实践力。其中人地协调观是基本的价值观念，区域认知和综合思维是基本的思维和方法，地理实践力是基本活动经验，具体如图 5.1 所示。

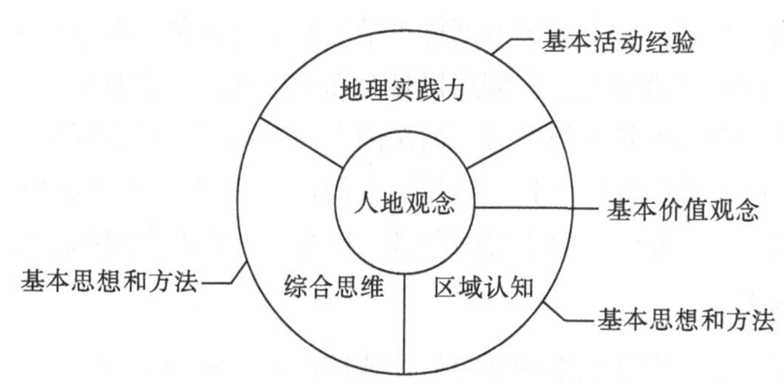

图 5.1 地理学科核心素养

很多同学学习地理还停留在机械记忆的层次，认为地理是“背多分”的科目，对地理学习的能力要求不甚了解，比如怎样从材料中获取有效信息的能力、如何调用知识分析问题的能力、描述和阐释地理事物的能力、论证和探究地理事物的能力，区域认知和综合思维等基本思维方式和方法还比较薄弱，对于生活中的地理现象无法调用相关知识进行分析，地理实践能力欠缺。因为缺乏生活感知，加上地理学习的关键能力和必备知识还没有形成，教师在提问时部分学生无法作答或者答非所问，与问题不在“同一频道”，影响课堂提问的效果和质量。

二、地理学科的思维方法

地理思维是人们根据思维的共同规律，认识地理事物，把握地理事物的本质，揭示其内部联系，达到对地理事物规律性的认识的过程。主要包含形象思维、逻辑思维、辩证思维、发散思维等。由于很多同学在初中学习地理时以记忆为主，主要了解“是什么”，初二会考后没有继续学习地理，到高中后如果没有紧跟教师的节奏，去总结地理学习的基本方法和思维方式，地理素养就显得相对薄弱。由于欠缺地理的基本思维方法，面对教师的提问时，有的学生口语化甚至用语文、历史或政治等其他学科的术语或知识回答问题，这要求教师在授课过程中要重视地理学科思维的培养，让学生懂得如何从地理的角度去分析地理现象。以下从教师层面进行阐述。

课堂是教学的主阵地，教师是知识的传递者，是帮助学生构建自身知识体系的引导者，在课堂教学中起主导作用。教师本身的教学观念、专业素养、知识构成、教学能力等都会影响课堂提问的质量。

1. 教育教学理念

教师的教学理念是教师在特定的历史背景条件下形成的关于课堂教学活动的相对稳定的主观映像，是课堂教学现象在教师头脑中经过长期发展而定型化的历史积淀[3]。新课程改革虽然不断走深走实，在发达地区新的教育教学理念已经成为共识，但在一些欠发达地区，新课改的要求还没有得到真正落实，传统的教育教学观念根深蒂固，课堂仍然定格在以教师为中心的教学模式，没有真正做到尊重学生的主体地位。在进行课堂提问时，教师聚焦的仍然是教学内容是否实现，落脚点仍是在知识层次，而没有把目光和观念转变到学生本身。我们的课堂教的不是知识本身，而是因人而教知识，只有眼中有人，才能做到因材施教，才能真正为学生的发展而教。这样，我们在进行问题设计的时候，就会更多考虑怎样激发学生的兴趣，怎样引导学生对问题进行探究，提高课堂提问的有效性。

2. 地理专业素养

地理素养主要指学习者通过地理学习后形成的较为稳定的心理品格，主要包括地理科学素养、地理人文素养和地理技术素养。地理教师在授课过程中，只有具备扎实的教学功底、丰富的专业知识，再借助现代教育信息技术整合教学资源，才能提出更有利于提升学生思维水平、更有价值的问题。地理学科有其自身特色，地理教师学科素养、个人魅力、知识的丰度会影响学生的学习兴趣，特别是高中的课堂，越是知识渊博、旁征博引、激情澎湃、专业素养高的教师越受学生的欢迎，基于兴趣，学生更愿意跟随教师的问题深入探究。

3. 教师教学能力

从笔者的调查问卷分析中不难看出，即使在教师个人专业素养比较高的前提下，如果不能够清晰地以学生容易接受的语言进行表达，学生的回答就可能与教师的提问不在一个层面，提问的效果就会大打折扣，因此教师的教学能力是影响课堂有效提问的重要组成部分。一是教学设计的能力。要充分调查了解学情，结合学生实际，科学合理地进行问题设计，设计要有梯度，指向要明确，层次分明，难易适当，要体现学科价值，设计有思维含量的题目，提升学生的地理思维。二是课堂驾驭能力。课堂是教学活动发生的主要场所，教师的教学模式、教学实施及师生的关系直接影响课堂的效果。有的教师整节课都在讲授却很少提问；分组讨论时很多学生在开小差没有参与，教师没有提醒；有的课堂教师讲，学生睡觉，也没有制止，这样导致学生没有真正融入课堂，教师没有真正发挥掌控、引导的作用，课堂效率自然比较低。三是使用教育信息技术的能力。新时代的教育一定是融合现代教育信息技术的教育，不再是“一张嘴”“一本书”“一支粉笔”走天下的时代，特别是地理学科，直观地通过视频、图片等展示地理情境，进行可视化教学，让学生更能够理解地理现象的发生原理，提高课堂容量，拓展学生视野。因此，新时代的教育，每位教师都要学会一定的教学技能，学会使用有助于提高教学质量的多媒体技术，打造高效课堂。四是总结提高的能力。在调查问卷中，很多教师在课后很少进行教学反思，尤其是针对课堂提问的专题教学反思就更少了，教学反思是促进教师专业成长的有效途径，通过反思，教师进行深入自省，反思自己的不足，不断总结经验，改进不足，自然会使教学水平不断提高，收到水到渠成之效。

此外学生家庭情况、学校管理情况、班级管理情况、师生关系、生生关系等都会影响到课堂提问的效果，我们都不能忽视，并应以问题为导向，采取相应的措施加以改进，以提高课堂提问实效。

三、高中地理课堂有效提问的策略

亚里士多德曾提出：“思维从对问题的惊讶开始。”精当的课堂提问能激发学生的学习兴趣，活跃课堂氛围，增加学生的参与度，提升学生的思维能力和水平。在前面的调查分析和对高中地理课堂提问的问题探究中，已经明晰当前教学过程中课堂提问存在的问题，针对这些问题，我们应该采取怎样的策略，才能使地理课堂提问更加科学有效呢？笔者以问题为导向，在调查研究、交流示范、课堂实践等基础上，尝试从问题设计、提问实施、评价反馈等角度提出高中地理课堂有效提问的策略，为地理教师实施课堂提问并提高提问质量提供参考依据。

（一）高中地理课堂有效提问的设计策略

高中地理课堂有效提问的质量首先取决于问题设计的科学性，而地理课堂有效提问的设计理应遵循一定的设计原则，关于课堂提问原则的研究可谓“百家争鸣”，其中王升在其著作《教学策略与教学艺术》中明确了提问的基本原则：准确性，设计问题要扣准教学内容，把准学生心态，选准提问时机；针对性，应结合学生实际、教学内容、教学阶段设计问题；量力性，问题设计难易要适度；启发性，提问要能启迪学生思维；广泛性，要面向全体学生，让全体学生参与；鼓励性，学生应答完毕，教师要给予充分肯定。课堂提问的类型也是多样的，在进行问题设计时应当基于学情设计多类型的问题，参照布卢姆（Bloom）认知领域教育目标分类，可以把教师的提问分为六个层次：认知性问题，回忆知识；理解性问题，考查学生对概念及规律的理解；应用性问题，调用所学知识的能力；分析性问题，要求学生理解释疑的相互关系和基本原理；综合性问题，综合系统分析所学知识，再生新的知识体系；评价性问题，结合一定标准，理性、深刻地揭示事物本质并给予科学评价。那么，为提高高中地理课堂提问的有效性，我们应当如何进行问题设计呢？

1. 深入研究课标，突出重难点

课程是实现教育目的的重要途径，是组织教育教学活动的主要依据，是集中体现和反映教育思想和教育观念的载体，居于教育的核心地位。习近平总书记多次强调，课程教材要发挥培根铸魂、启智增慧的作用，必须坚持马克思主义的指导地位，体现马克思主义中国化最新成果，体现中国和中华民族风格，体现党和国家对教育的基本要求，体现国家和民族基本价值观，体现人类文化知识积累和创新成果。

地理学是研究地理环境以及人类活动与地理环境关系的科学，具有综合性、区域性等特点。地理学兼有自然科学和社会科学的性质，在现代科学体系中占有重要地位，对于解决当代人口、资源、环境和发展问题，维护生态安全，建设美丽中国具有重要作用。地理课程贴近生活，关注自然与社会，体现地理学特点并具有很强的实践性，对培育学生的人地协调观、家国情怀、全球视野，以及批判性思维、创新精神和实践能力具有重要价值。

课程标准是国家课程的基本纲领性文件，是国家对基础教育课程的基本规范和质量要求，是教材编写、教学、评估和考试命题的依据，是国家管理和评价课程的基础。它体现国家对不同阶段的学生在学科核心素养培育方面的基本要求，规定各门课程的性质、目标、内容框架，并提出教学和评价建议。《普通高中地理课程标准》指出，高中地理课程是与义务教育地理课程相衔接的一门基础学科课程，其内容反映地理学的本质，体现地理学的基本思想和方法。地理课程旨在使学生具备人地协调观、综合思维、区域认知、地理实践力等地理学科核心素养，学会从地理视角认识和欣赏自然与人文环境，懂得人与自然和谐共生的道理，提高生活品位和精神境界，为培养德智体美全面发展的社会主义建设者和接班人奠定基础。因此，在进行地理问题设计时，要对标《普通高中地理课程标准》的要求进行设计，杜绝“满堂问”现象，有的课堂看似很热闹，处处有提问，但很多提问浮于表面，仅仅停留在“对或不对”“是或不是”的选择性问题上，有的课堂则停留在教师自问自答层面，没有让学生参与到思考的过程中来，问题设计时没有结合课程标准，没有明确的教学目标，没有侧重重难点突破，使得课堂提问的质量大打折扣。因此，教师在进行提问时要紧扣课标，突出重难点。

2. 基于情境化教学，递进式设问

情境教学是指教师通过引入或创设与教学内容相适应的情境，让学生置身于特定的教学情境中，通过触及学生的心理领域，使学生把学习变成内在自主的行为，激发学生的学习兴趣，营造良好的学习氛围，带动学生的学习活动。地理的情境设计可以通过生活情境、学术情境、多媒体情境、语言情境、活动情境、地理热点情境等实现，地理情境设计使学生身临其境，从而激发其内在学习动力，提高课堂实效。

曾有德国学者形象地说：将一勺盐放在我们的面前，我们难以下咽，但如果把一勺盐放入一锅美味的汤，我们在享受美味的汤的过程中却将盐慢慢吸收。知识就像盐，而情境就如美味的汤，把知识放到具体的情境中，就像把盐放在美味的汤中一样，在情境探究的过程中逐步掌握了知识。所以教师在教学过程中要重视情境设计，选取贴近学生生活、有启发性，能迅速激发学生兴趣和探究欲望的“美味”素材，以教学内容为依托，设计合理的教学情境，引导学生深入探究，可以极大地提高教学效果。比如在热力环流的原理的教学过程中，以南方的空调和北方的暖气片安装位置的不同导入，引导学生探究热力环流的原理，学生更易于接受，我们还可以结合平时的地理热点素材设计教学情境，引起学生的注意，营造高涨的课堂氛围。在选取合理的情境素材后，我们要有清晰的教学目标，为了突破章节的重难点，应当合理地设计问题，设计问题时不妨追求“一境到底”、“层层深入”递进式设问，整节课我们围绕一个素材情境进行深入探究，将整节课的内容融入同一情境中，使学生透彻地掌握情境素材的内涵与外延，同时掌握分析问题的一般方法，对学习的内容进行深层次理解，可以大大提高学习效率。如在洋流章节的学习中，设计小黄鸭在海上环游世界的情境，然后将洋流的概念、分布规律、影响等融为一体，整节课一气呵成，效果良好。在素材背景下，问题设计要注意考虑学生的认知规律，应当由浅入深，层层深入探究，可以先考查“是什么”，然后探究“为什么”“怎么办”，要注意时空尺度的变换，以拓展学生的地理思维能力。

3. 问题设计多样化，借助现代教育信息化技术

在地理课堂有效提问的设计上，要充分考虑所教班级的班情和学情，充分考虑不同阶段学生的认知水平，在进行问题设计时，不要进行问题的重复设计，最好实行多元化、多样化设计，考虑认知、理解、应用、分析、综合、评价等不同地理问题类型的组合设问，以全面提高学生的应变能力和地理思维能力。如果设计的问题过于单一，学生会感觉枯燥无味，同类问题过度重复，会给学生造成思维定式，不利于学生灵活思维能力的培养，在碰到新问题时就会手足无措，不知道如何应对，因此在进行问题设计时，应该考虑问题的多样化，提升学生的应变能力。现代教育信息化技术融合了图像、声音、视频、音乐、动画等于一体，让学生不局限于听，可以使视听高度融合，提高课堂容量，直观展示地理现象和过程，增加趣味性，激发学生学习兴趣，提高课堂参与度。多媒体信息技术辅助教学推动了教学模式的变革，可以展示地理事物的发生、发展，演绎地理现象、事物的时空变化规律，将抽象的问题逐渐简单化，降低了学生学习的难度，帮助学生理解并突破重难点，提高了课堂效率。在课堂提问设计时，应充分发挥现代教育信息技术优势，整合网络资源，开阔学生眼界，提升学生思维水平。

4. 问题设计难易应适度，指向应明确

在进行地理问题设计时，我们应基于学情选取合适的情境设计问题，问题设计的难度应当适当，不能超出学生的认知水平，否则这样的问题就是无效或者低效的。俄罗斯心理学家维果茨基基于认知心理学的观点认为，人的认知结构可以划分为“已知区”“最近发展区”“未知区”，人的认知水平就是在这三个层次中循环往复，不断转化，实现螺旋式上升，因此，课堂提问不宜停留在“已知区”和“未知区”。

题目设计得太难，学生无所适从，不知如何作答；题目设计得过易，学生基本不用思考就可回答出来，这样也失去启发性，不利于培养学生的思维能力。因此，在设计地理问题时，一定要根据学生的实际情况，考虑学生的基础、学习阶段、认知水平合理设计题目的难度，寻找“已知区”和“最近发展区”的结合点设计问题，循循善诱，这样才有利于夯实基础、启迪思维，才能逐渐将“最近发展区”变成“已知区”，这样的提问才是有效的，笔者在书的后半部分将以具体的案例说明如何进行有效提问。地理教师在设计问题时，题目的指向一定要明确，不能过于宽泛，甚至不着边际，学生就会摸不着头脑，出现答非所问的情况，如在讲地壳的物质循环时，教师提问“地壳的物质是如何循环的？”，就显得比较宽泛。所以在设计地理问题时，应针对教学内容，设计有明确指向和考查范围的题目，如“分析上升流经过的地方易形成渔场的原因”，我们应深入研究《高考评价体系》和高考试题，发挥高考试题指挥棒的重要作用，科学合理的设计问题，层层递进式设问，不断引导学生深入探索，培养高阶的地理思维。

（二）高中地理课堂提问有效的实施策略

新课程改革强调师生之间的相互沟通、交流和理解，课堂提问是实现师生互动、理解与对话的重要途径。有效课堂提问，主要指教师通过提问，引导学生主动思考，积极参与教学活动，实现自我发展的过程。课堂有效提问通过给学生创设生动的问题情境，让学生发现问题、探究问题，培养良好的问题意识。有效课堂提问促进师生共同探讨新知识，促进课程内容的持续生成和转化，是课堂“提质增效”的重要手段。在地理课堂教学过程中，我们应当如何实施有效提问呢？笔者从大量的课堂实践、调查分析中积累了一定的经验，试提出高中地理课堂有效提问的实施策略供大家参考。

1. 提问对象要选择

课堂提问是教师在课堂教学实施过程中根据教学目标预设问题，引导学生思考，实现教学反馈的重要方法，具有激发兴趣、开启学生心智、促进思维发展、检验教学成果、增强学生主动参与课堂的重要作用，在课堂教学中被广泛应用。当前很多教师对提问对象的选择因不够重视或缺乏研究而存在较大误解，主要表现在：只要设计好问题即可，提问谁不重要；提问集中在少数优生，害怕影响教学进度不提问相对落后的同学；专挑成绩靠后的学生回答问题；基于班级平均水平，集中提问中间段学生；把提问当作控制纪律的武器，专门提问纪律性差的学生，这些都是不对的，需要改进。

新课程改革强调教育公平，关注全体学生。课堂提问也要注意其全面性和公平性，课堂提问应面向全体学生，教师应该设置不同梯度的问题以适应不同层次的学生。要因人而问，提问的对象必须是对所提出的问题在经过充分思考的基础上能够回答或基本能够回答的同学[4]。课堂提问应遵循广泛性、量力性、目的性原则，提问要兼顾各个层次的学生，基础题可提问相对靠后的同学，中等题具有一定难度可以提问中层生，难题具有一定创新性和思维含量则选择优生，以便激发各个层次学生的学习热情，调动学习积极性，提高学习效率。

2. 提问时机要恰当

课堂提问对启发和促进学生积极思维，加深知识理解，提高思维品质具有重要作用。孔子曾云：“不愤不启，不悱不发。”德国的教育家赫尔巴特则说：“如果教师的提问能引起学生的注意，就能使学生在每个阶段都表现为等待、探索和行动。”如果将学生的大脑比喻为一汪平湖的话，教师的提问就像投入湖中的石头，在学生的脑海中激起圈圈涟漪。提问也要把握合适的时机，才能发挥问题的最大效益。过早提问，学生缺乏准备，启而不发，效果较差；过晚提问，学生已经掌握知识，再提无益。那么我们应该如何选择时机提问呢？笔者认为，可以在导入的时候提问，以情境导入，利用学生的猎奇心理激发学生的兴趣，如利用诸葛亮火烧上方谷时突降大雨的历史典故导入，引导学生探究热力环流的基本原理；在新旧知识过渡时提问，起到承上启下的作用，在温习旧知识的同时，启发新知识，夯实基础，启发思维；在重难点需要突破时提问，重难点是教学突破的关键，为让学生强化理解，教师提出一系列的启发性、探究式问题，逐步引导学生剖析原理，调用知识解决问题；在学生存疑时提问，学生对新知识的理解存在思维障碍及出现模糊、冲突或疑惑时，教师巧妙设问，激起学生思维的波澜，教师在组织教学时，要善于根据教材内容，或课前设疑，引人入胜，或课中置疑，波澜跌宕，或课后留疑，回味无穷，使学生始终处于一种积极的探求状态；在学生思维阻滞的时候提问，学生对于地理原理和知识理解不透，思维难以进行下去时，教师要敏锐洞察，设计过渡性提问，帮助学生打开心结，破除阻碍，升华思维，学生会有茅塞顿开之感。因此，于恰当时机提问，若添柴旺火，能迅速激活学生思维，发挥课堂提问最大效益。

3. 提问语言要注意

课堂有效提问是实现课堂有效互动、促进学生思维提升的重要手段，提问的语言是否精准、逻辑是否缜密直接影响提问的效果。语言是沟通的桥梁，现实教学案例中，尤其是欠发达地区很多教师还使用方言教学，或到其他地方教学有些教师带有极其浓厚的方言味道，学生根本听不懂，这要求教师要提高自身素养，坚持使用普通话教学。幽默、张弛有度、富有感染力的语言能够激发学生的学习热情。提问时，教师首先要注意语言设计的科学性、准确性和严谨性，不能有语病；其次要注意语气、语调，过平的语调容易使学生昏昏欲睡；再次要注意语速，过快的语速则易导致学生还没有听清问题，教师就提问完了，造成心理紧张，影响提问效果。

4. 候答时间要充足

新课程理念关注学生本身，注重学生思考的过程。所谓“候答”指教师提出问题后，等待学生回答的过程。“教师应该有两个重要的停顿时间”，即“第一等待时”和“第二等待时”。第一等待时指教师提出一个问题后，不能马上重复问题或指定学生回答问题，要等候一定时间；第二等待时指学生回答问题后，教师也要等待一定时间，才能评价学生的答案。因为学生可能说明、斟酌、补充或改变回答[5]。从大量的课堂实践、听课评课、调查问卷等情况来看，很多教师提问时，没有给学生充分的候答时间，提问后马上叫学生回答问题，甚至没有提问就指定学生作答，学生没有经过充分的思考，回答问题时紧张、不全面，少数教师会有批评的习惯，加剧学生的紧张和尴尬，挫伤学生学习积极性。因此，教师提问要给予学生充分的时间思考，精心设计问题，以情境串联知识主线，引导学生深入探索，提升地理思维能力。

5. 提问频率要适当

提问本身不是为了完成教学任务的手段，而是促进学生发展的途径。地理教师在教学过程中要杜绝为了提问而提问的现象，甚至出现“满堂问”现象，课堂看似热闹，实则非常低效，回答问题的学生回答，其他的没有思考，只知道起哄，课堂流于形式。因此教师要控制提问的频率，不需要提问的不要提，要对问题进行精心设计，要把握好提问的时机，这样才能发挥提问的价值，启迪学生的思维，培养学生的能力，促进学生的发展。频率过低，课堂会比较沉闷，学生学习兴致不高，参与度低，学习效果欠佳；频率过高，不利于教学计划的完成，不利于学生深度学习。合理频率的课堂提问，有利于控制教学节奏，把控教学状态，完成教学目标，提高课堂效率，这值得每位教师思考。

（三）高中地理课堂有效提问的评价策略

新课程教学要真正体现以学生为主体，以学生发展为本，就必须对传统的课堂教学评价进行改革，体现以学生的“学”来评价教师“教”的“以学论教”的评价思想，强调以学生在课堂教学中呈现的状态为参照来评价课堂教学质量。提倡“以学论教”，主要从学生的情绪状态、注意状态、参与状态、交往状态、思维状态、生成状态六个方面评价。情绪状态：指学生是否有浓厚兴趣，对学习具有好奇心和求知欲；是否能长时间保持兴趣，能否自我调节和控制学习情绪；学习过程是否愉悦，学习愿望是否可以不断得以增强。注意状态：学生是否始终关注讨论的主要问题，并能保持较长的注意力；学生的目光是否始终追随发言者（教师或学生）的一举一动；学生的倾听是否全神贯注，回答是否具有针对性。参与状态：学生是否全员参与学习活动；是否积极主动地投入思考并踊跃发言，兴致勃勃地参与讨论和发言，是否自觉地进行练习。交往状态：看整个课堂气氛是否民主、和谐、活跃；学生在学习过程中是否友好分工与合作；是否能虚心地听取他人的意见，尊重他人的发言。遇到困难时，学生能否主动与他人交流、合作，共同解决问题。思维状态：学生是否围绕讨论的问题积极思考、踊跃发言，学生回答问题的语言是否流畅、有条理，是否善于用自己的语言阐述自己的观点；学生是否敢于质疑，提出有价值的问题并展开讨论；学生的回答或见解是否有自己的思考或创意。生成状态：学生是否掌握应学的知识，是否全面完成了学习目标，学生的学习能力、实践能力和创新能力是否得到增强，是否有满足、成功和喜悦等积极的心理体验，是否对未来的学习充满了信心。

评价是一个过程，是一个教育、发展、共建的过程，是民主、平等和科学的过程。对于课堂有效提问的评价标准，雷霞从问题类型、问题设置、问题提出、问题目标、提问措辞和语气、问题难度、停顿、教师反馈等八个方面确立课堂提问有效性的评价标准框架值得借鉴。笔者通过前面的研究，在课堂有效提问评价体系的框架下，提出课堂有效提问的评价策略。

1. 积极回应，及时给予鼓励性评价

学生在回答教师提出的问题时，如果回答不对，很多教师的处理方式不尽相同，部分教师会给予学生引导，引导学生通过思考得出答案，部分教师则直接给出答案，还有的教师则是换其他学生回答问题，这些处理方式各占一定比例。而当学生回答正确时，很多教师做出的评价仅仅停留在“对与不对”“很好”“不错”等评价上，没有点出学生回答的亮点，也没有给其他同学以示范。无论学生回答是否正确，作为教师应当积极回应学生的作答，回答错误时，绝对不能谩骂、指责学生，挫伤学生自尊心，要指出学生好的方面，找优点，然后循循善诱，引导学生思考，达到预期的目的，多从正面的角度鼓励学生，帮助学生树立信心，培养兴趣。回答正确时，要指出不足，在指出不足的同时，突出学生回答的亮点，并在全班推广和示范，帮助学生激发学习的内在动力，找到学习的成就感和满足感，那么就会形成良性循环，越学越好。

2. 尊重个性，剖析学生思维过程

学生是鲜活的个体，不是一个简单的模具。几千年前，教育家孔子就提出“有教无类”“因材施教”等著名理论，在地理教学过程中，我们要充分尊重学生的个性。每个学生的家庭构成、社会构成、知识构成、个性特质、经历阅历等存在差异，对地理问题的视角、理解也存在差异，因此在学生回答问题时，出现答非所问或不会回答的情况，我们要理解每个学生的差异，不能以批评收场，或自问自答，或另找他人，这样都不利于学生身心健康。学生作答后，如果错误，可以追问学生是怎么想的？为什么会得到这样的答案？教师帮助学生分析问题所在，纠正存在的问题，使学生获得尊重，也营造了良好的师生互动关系，拉近师生距离，促进教学再生。很多情况下，个别学生的错误理解，往往是大多数同学的理解，因为他们毕竟是同龄人，认知的水平是相近的，生活阅历等差异不是太大，尤其是对于欠发达地区的农村学校来说。因此，剖析学生思维过程，尊重学生想法，发现学生亮点，指出不足，是课堂有效问题的重要评价手段。

3. 启发思维，鼓励学生主动提出问题

布鲁巴克曾说："最精湛的教学艺术，遵循的最高准则就是让学生自己提出问题"。新课程理念强调学生的主体地位，"授人以鱼，不如授人以渔"，地理的课堂不应只是教师全盘掌握提问的课堂，而应该有学生思维的余响，这样的课堂才是高参与和高生成的课堂。很多情况下，学生过分的相信教师，教师讲什么、说什么就是什么，很少提出自己的质疑，所谓"尽信书不如无书"，完全相信书本、教师经验的传授，不利于学生思辨能力、批判性思维的培养，可能导致学生墨守成规、定式思维，不敢突破、不敢创新。当然也有部分同学是怕自己提出的问题比较幼稚而遭受同学的嘲笑，或者怕教师批评，从而三缄其口，不敢提问。当前，新课程标准提出地理学科的核心素养，我们在教学的过程中应以课标为导向，围绕"培养什么样的人"多进行一些教学思考，应鼓励学生自主、合作学习，多探究生活中的地理，应用地理知识分析生活中的地理现象，做到以疑导学，以学增智，从而提升学生的关键能力和学科核心素养，达到立德树人的目标。

【参考文献】

[1] 桑晶平 . 高中地理课堂提问的现状与有效策略研究 [D]. 东北师范大学，2011.

[2] 王娟 . 新课程理念下高中地理课堂有效提问的策略研究 [D]. 河北师范大学，2014.

[3] 鲍婷 . 教师教学理念滞后的原因分析 [J]. 青年文学家，2012（18）：118.

[4] 缪立兵 . 谈减负背景下高中地理课堂提问的有效性 [J]. 新课程研究，2010（7）：81–82.

[5] 李如密 . 教学艺术论 [M]. 济南：山东教育出版社，1995.

第六章

教学实践与评价

对高中地理课堂有效提问的框架与策略有所了解后，如何在课堂上进行有效提问进而提升课堂效率？这里以中学地理的三大知识模块进行分类，选取了具有一定代表性的课堂案例中的课堂提问课例，从课堂设计思路、课堂教学设计、课后教学反思、课堂教学评价等方面进行系统的剖析。案例生动且贴近生活实际，语言通俗易懂，内容有地理味道，图文并茂，希望能让读者尽可能地从理论认知上升到实际操作的转换，能为广大读者在日常地理教学中提供学习参考。

一、高中自然地理课堂有效提问案例

《塑造地表形态的力量》教学设计

刘文娟　云浮市云浮中学

第一部分：课标解读

本单元的课标要求：运用示意图，说明岩石圈的物质循环过程；结合实例，解释内力和外力对地表形态变化的影响，并说明人类活动与地表形态的关系。本节内容的内涵是需要学生运用空间的物质运动与能量守恒的视角，掌握内力和外力作用概念与表现形式、内力和外力作用对地表形态变化影响、岩石圈的物质循环过程的分析、归纳、推理的思维方法，以“空间的人地协调观”为统领，培养学生分析归纳地质作用的表现形式、内力和外力作用对地表形态变化影响、岩石圈物质循环过程的综合思维能力和图表阅读能力。“课程标准”要求学生在“区域认知”维度、“综合思维”维度、“图表阅读实践力”维度要达到的水平是2~3，在“人地协调”维度要达到的水平是2。

第二部分：单元设计说明

【教材分析】

本单元教学设计对应的是人教版选择性必修一第二章。本节内容包括内力、外力作用的形式及对地表形态的影响，三大类岩石的相互转化即岩石圈的物质循环过程。本节以生活中具体地貌的形成为例，创设真实情境，从自然环境整体性的角度，引导学生理解塑造地表形态的主要作用方式，并根据不同地貌特征，分析地貌形成的过程与原理，进一步认识地表形态与人类活动的关系，培养学生的综合思维能力与人地协调观。

【学情分析】

高二学生已经具备了一定的地理问题分析方法、思维能力和学习能力。学生虽然已经对自然地理要素形成过程与原理有所认识，但是学生的地理思维能力有限，综合分析地理问题的能力欠佳，对自然界中某种地貌的演化过程缺乏正确的推导能力。教师在课堂教学中应引导学生关注实践活动，以便学生顺利进行学习，从而培养学生分析、归纳、推理的地理综合思维能力和图表阅读能力，在课堂教学中落实学科核心素养。

【教学重难点】

1. 结合实例，说明内力作用、外力作用的能量来源及表现形式。
2. 结合具体地貌案例，综合分析地貌形成的地质作用及对地表形态的影响。
3. 结合材料，掌握三大类岩石的成因，运用示意图分析岩石圈的物质循环过程。

【教学策略与方法】

根据对课程标准的分析和高二学生的认知特点，用“任务驱动”“情境感知”“观察探究”等方法，设计特定的学习情境，引导学生关注自然地理现象的形成原理与过程。围绕“塑造地表形态的力量”这一主题，设计情境，采用问题式导学的方式进行探究，结合具体的案例分析组织学习活动。沿着“情境—问题—探究—建构”思路，依托案例情境创设问题及问题链，再结合生活实例，引导学生在探究过程中实现知识、方法、思维和能力建构的目标。

第三部分：教学设计

【教学过程】

教学环节	教学活动		问题设计意图	有效提问评估
	教师活动	学生活动		
课前预习	**【任务驱动】** 以提高学生的地理实践力为目标，地理课增设研学考察的内容，吸引学生的兴趣，进行研学旅行地的选取，由地理教师布置，让学生以小组为单位搜集资料、制作课件及课	以小组为单位查阅资料，完成任务。并将研究成果制成PPT，课堂上	问题设计与实践相结合，通过问题去激活学生的学习热情	1. 问题生活情境化，结合生活实践，落实立德树人的根本目标。

续上表

<table>
<tr><th rowspan="2" colspan="2">教学环节</th><th colspan="2">教学活动</th><th rowspan="2">问题设计意图</th><th rowspan="2">有效提问评估</th></tr>
<tr><th>教师活动</th><th>学生活动</th></tr>
<tr><td colspan="2"></td><td>堂展示介绍，评选出优秀的研学旅行地设计</td><td>进行分享</td><td></td><td>2. 提问面向全体学生，做到公平、公正。
3. 问题具有启发性</td></tr>
<tr><td colspan="2">导入新课</td><td>【展示情境】
2022 年 7 月，家住广东深圳的小周同学决定和小伙伴们开启暑期江西、四川、西藏研学之旅，同学们陶醉于沿途美丽的自然风景中，许多在教材、课堂中看到过的典型地貌景观映入眼帘，请大家跟随小周同学来一次有趣的课堂云游之旅吧。
【提出问题】
结合小周同学提供的视频和图片材料，思考：
1. 指出视频和照片中出现的典型地貌名称。
2. 说明其中 1 种地貌的形成原因。
【引导小结】
在日常生活中或旅行路途中见到一些地貌景观，要学会用地理的视角分析这些地貌的形成原因及演变过程，做一个善于发现、勇于思考的人</td><td>阅读图文资料，用 3 分钟思考并回答问题：结合材料，分析你在视频和图片看到的一种地貌名称及形成过程</td><td>该问题为应用型问题，通过问题去引导学生理解地球上地表形态塑造的主要力量及表现形式</td><td>1. 提问表述准确、科学，地理专业术语准确。
2. 提问指向性明确。
3. 教师引导和鼓励学生参与</td></tr>
<tr><td>新课学习</td><td>情境探究一　庐山之美</td><td>【展示情境一】地质作用
2022 年的暑期研学之旅正式开始，小周和小伙伴们来到了第一站——江西庐山，领略了美丽庐山的自然风光，体会到了“不识庐山真面目，只缘身在此山中”的意境，请同学们观看视频：空中看庐山——航拍宣传片。
空中看庐山——航拍宣传片
Looking at Lushan in the air
【提出问题】
结合视频材料，思考分析：
1. 说明庐山“飞峙”于这江环湖绕的平原上的力量。
2. 分析险峻的庐山上出现一片较为平坦的开阔地的原因。</td><td>阅读视频资料，小组合作学习，用 2 分钟交流讨论：指出影响庐山地貌景观的主要地质作用</td><td>该问题为分析类问题，实现两个教学功能。一是庐山与周边地形对比显著，且在山顶建有城镇，与学生原有知识经验产生冲突，容易激发学生的好奇心。二是引导学生思考：险峻的庐山是怎样形成的？山顶为何会有开阔平地？基于对上一个问题的掌握，对庐山形成原因</td><td>1. 问题设计突出本节课的重点和难点。
2. 采用小组个别提问，考虑学生之间的差异性。
3. 创设问题情境，让学生参与。
4. 积极评价和给予学生鼓励性评价</td></tr>
</table>

续上表

<table>
<tr><th rowspan="2">教学环节</th><th colspan="2">教学活动</th><th rowspan="2">问题设计意图</th><th rowspan="2">有效提问评估</th></tr>
<tr><th>教师活动</th><th>学生活动</th></tr>
<tr><td></td><td>【引导小结】
地质作用是指地球上由于自然界的原因，引起地表形态、组成物质和内部结构发生变化的作用。塑造地表形态的地质作用包括内力作用和外力作用。庐山的形成就是内力和外力作用的结果。内力作用使山体抬升，外力作用使其不同部位形态各异。</td><td></td><td>做出客观判断，培养学生综合思维能力，理解塑造地表形态的主要地质作用及表现形式</td><td></td></tr>
<tr><td>情境探究二 内力之险</td><td>【展示情境二】内力作用
为期5天的江西庐山之行后，小周和同学们来到了旅行的第二站——四川、西藏之旅，大家惊叹于从地形平坦的成都平原到高山峡谷遍布的青藏高原，一路上惊、险、绝、雄的景观，感受到了地表的高低起伏。行走到川西康定市的时候，大家一边欢快地哼唱着康定情歌，一边发现众多山崖清晰地展露在空中，叹为观止。
【提出问题】
1. 说明川藏公路沿线形成的高山峡谷、平原高原相间的地貌格局的主要地质作用。
2. 分析川西高原上众多山崖的成因。
【引导小结】
引导学生归纳内力作用的主要表现形式有地壳运动、变质作用、岩浆活动及对地表形态的影响。
1. 地壳运动：是指岩石圈因受内力作用而发生的变位或变形，也称构造运动。地壳运动包括水平运动和垂直运动。水平运动形成绵长的断裂带和巨大的褶皱山脉，垂直运动引起地势的起伏变化和海陆变迁。
2. 岩浆活动：当岩石圈破裂时，深处岩浆沿破裂带上升，侵入岩石圈或喷出地表，这一过程称为岩浆活动。岩浆只有喷出地表时才能直接影响地表形态。
3. 变质作用：岩石受温度、压力等因素的影响，其成分、结构发生变化，这一过程称为变质作用。变质作用不能直接塑造地表形态。
4. 内力作用总的趋势是使地表变得高低不平，奠定地表基本格局</td><td>1. 阅读情境素材，小组用5分钟合作讨论问题：从内力作用的角度，分析其对地表形态的主要作用。
2. 小组代表总结分享讨论结果，教师对结果进行点评与评价。
3. 在教师的引导下，完成对内力作用及表现形式的归纳，理解内力对地表形态的主要影响</td><td>1. 加深对自然内力作用表现形式的理解，培养学生语言表达、交流分享能力，提升综合思维及地理实践力。
2. 该问题为分析应用型问题，考查学生在新的情境中应用学过的技能。问题的设计目的是进一步加深对内力作用表现形式的理解，认识地壳运动是塑造地表形态的主要动力</td><td>1. 问题的提问具体，针对性强。
2. 问题层次化，符合地理事物发展规律和学生认知规律。
3. 激发学生兴趣，融入课堂，积极讨论</td></tr>
</table>

续上表

教学环节		教学活动		问题设计意图	有效提问评估
		教师活动	学生活动		
情境探究三 外力之奇	大脑风暴	**【展示情境三】外力作用** 炎炎夏日，行走在川西高原和青藏高原的过程中，小周同学发现一路上有很多冰川地貌，让从小生活在东南沿海地区的小伙伴们非常好奇。小周一行人在西藏林芝游玩了2个星期，慕名去了位于林芝察隅县的千年水磨岩，峡谷中怪石嶙峋，形态奇特，且河水碧绿，大家都惊叹于大自然的鬼斧神工。小周一行人在从四川进入西藏的时候途经金沙江，金沙江作为四川和西藏的界河盛产沙金。当地人告诉小周同学金沙江名字的由来：因为河中出现大量淘金人，该河于宋代改称为金沙江。 **【提出问题】** 1. 指出川西高原和青藏高原上的冰川地貌形成的主要地质作用。 2. 分析河流两侧的水磨岩形态奇特多样的原因。 3. 分析金沙江中的沙金来到河流的石沙之中的过程。 **【知识讲解】** 外力作用的能量来自地球外部，主要表现形式为风化、侵蚀、搬运、堆积。 1. 风化： 在温度、水、大气、生物等因素的作用下，地表或接近地表的岩石发生崩解、化学分解和生物分解等，这一过程叫作风化作用，风化作用可分为物理风化、化学风化、生物风化。风化作用产生的松散物质为其他外力作用创造了条件。 2. 侵蚀： 流水、波浪、风、冰川等外力也对地表进行破坏，这一过程称为侵蚀作用，侵蚀作用分为风力侵蚀、流水侵蚀、海浪侵蚀、冰川侵蚀。 3. 搬运与堆积： 风化或侵蚀作用的产物，在流水、波浪、风、冰川等外力作用下，被搬运离开原来的位置。随着流速降低、风力减小或者冰川融化等，被搬运的物质逐渐沉积下来，形成堆积地貌。堆积作用分为风力堆积、流水堆积、冰川堆积、海浪堆积。	1. 阅读情境素材，小组用8分钟合作讨论问题：从外力作用的角度，认识典型的冰川地貌、流水地貌、风化地貌的形成原因。 2. 小组代表通过平台展示和分享答案，并讲解分析的思路，教师点评总结。	该问题为启发式知识类问题，问题设计在于加深学生对外力作用的主要表现形式的理解，让学生结合典型地貌形成过程的分析，强化风化、侵蚀、堆积地貌的形成原理，培养学生的区域认知和综合思维能力	1. 问题具有启发性。 2. 提问面向全体学生，做到公平、公正。 3. 教师引导和鼓励学生参与

续上表

<table>
<tr><th rowspan="2" colspan="2">教学环节</th><th colspan="2">教学活动</th><th rowspan="2">问题设计意图</th><th rowspan="2">有效提问评估</th></tr>
<tr><th>教师活动</th><th>学生活动</th></tr>
<tr><td></td><td>成果分享</td><td>
4. 不同地区外力作用方式及形成的典型地貌（列表如下）。
<table>
<tr><td>不同地区</td><td>湿润半湿润地区</td><td>干旱半干旱地区</td><td>高山高纬地区</td><td>滨海地区</td></tr>
<tr><td>主要外力方式</td><td>流水</td><td>风力</td><td>冰川</td><td>海浪</td></tr>
<tr><td>侵蚀地貌</td><td>峡谷、喀斯特地貌等</td><td>风蚀沟谷、风蚀蘑菇、风蚀柱</td><td>冰斗、角峰、“U”型谷</td><td>海蚀柱、海蚀崖</td></tr>
<tr><td>堆积地貌</td><td>冲积平原、冲积扇、河口三角洲等</td><td>新月形沙丘河谷沙丘等</td><td>冰碛丘陵、冰碛湖等</td><td>沙滩、泥滩、砾滩</td></tr>
</table>
【引导小结】
外力作用的能量来源于地球外部，主要是太阳辐射能。在自然界中，外力通过风化、侵蚀作用不断对地表进行破坏，并把风化、侵蚀的产物搬运并堆积起来。外力作用总的趋势是使地表起伏状况趋于平缓。
【教师点拨】
地表形态是内力和外力共同作用的结果。如果说内力作用形成地表形态的“粗毛坯”，外力作用则不断地把“粗毛坯”进行再塑造，使地表形态更加丰富多彩。
内力作用与外力作用比较表
<table>
<tr><td>分类</td><td>能量来源</td><td>表现形式</td><td>对地表的影响</td><td>相互关系</td></tr>
<tr><td>内力作用</td><td>来自地球内部，主要是放射性元素衰变产生的热能</td><td>地壳运动、岩浆活动、变质作用</td><td>总的趋势是使地表变得高低不平</td><td rowspan="2">同时进行，朝相反方向改变地表，以内力作用为主</td></tr>
<tr><td>外力作用</td><td>来自地表外部，主要是太阳辐射能</td><td>风化作用、侵蚀作用、搬运作用、堆积作用、固结成岩作用</td><td>总的趋势是使地表起伏状况趋于平坦</td></tr>
</table>
</td><td>3. 在教师的引导下，完成归纳：外力作用的主要表现形式及对地表形态的影响</td><td></td><td></td></tr>
</table>

续上表

<table>
<tr><th rowspan="2">教学环节</th><th colspan="2">教学活动</th><th rowspan="2">问题设计意图</th><th rowspan="2">有效提问评估</th></tr>
<tr><th>教师活动</th><th>学生活动</th></tr>
<tr><td>情境探究四　岩石之循环</td><td>【展示情境四】岩石圈的物质循环
结束了一个多月的研学旅行，小周和小伙伴们回到了深圳，她发现在深圳海边看到的石头，与在旅行过程中看到的岩石大不相同。于是小周给大家展示出她们在旅行途中带回来的几块石头，让同学们观察，指出这些石头的类型，并描述岩石特征。
【提出问题】
1. 说明自然界中岩石的成因、分类及各类岩石的特征。
2. 画出岩石圈物质循环过程的示意图。 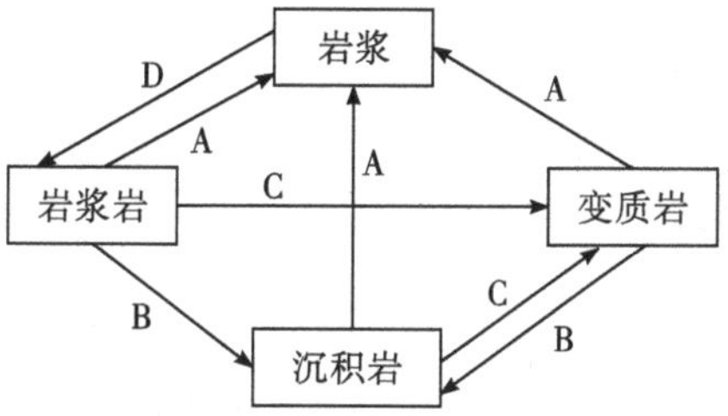
岩浆 岩浆岩 变质岩 沉积岩 A B C D
【引导小结】
引导学生思考和表达自己的观点，然后做出总结：
岩石是构成地貌、形成土壤的物质基础。岩石按照成因可以分为岩浆岩、沉积岩和变质岩三大类，它们之间可以相互转换，使得岩石圈的物质处于循环转化中。不同的岩石具有不同的形成过程和特点，从而进一步影响地表形态。地表形态的塑造过程也是岩石圈物质的循环过程</td><td>1. 阅读课本，结合课本图 2.7、图 2.8、图 2.9，认识三大类岩石的主要特征，并结合图 2.10 分析岩石圈物质循环的过程，小组合作学习，用 5 分钟时间一起思考并书面表达出本组的答案。
2. 各小组代表分享成果，用展台展示本组的岩石圈物质循环示意图</td><td>该问题为知识类问题，问题设计在于加深学生对三大类岩石的认知，让学生结合实际生活中见到的岩石，观察其主要特征，并画出岩石圈物质循环过程示意图，从而强化学生对岩石及岩石圈物质循环的认识，培养学生的综合思维能力和地理实践力</td><td>1. 提问表述准确，灵活运用地理专业术语。
2. 提问语言清晰、流畅。
3. 语言表达丰富，有表现力和感染力</td></tr>
<tr><td>课堂总结</td><td>【学生活动】
指导学生在整理本上完成本节内容的思维导图。
【主题升华】
结束了将近一个月的赣川藏粤之旅。在读万卷书行万里路的过程中，小周和同学们收获匪浅：见识了祖国的壮美河山，学会了知行合一，立志做一个有广阔见识、有敏锐眼光、有责任担当的新时代青少年</td><td>绘制思维导图，学生代表展示成果</td><td>归纳总结本节内容，建立知识结构</td><td></td></tr>
</table>

续上表

<table>
<tr><th rowspan="2">教学环节</th><th colspan="2">教学活动</th><th rowspan="2">问题设计意图</th><th rowspan="2">有效提问评估</th></tr>
<tr><th>教师活动</th><th>学生活动</th></tr>
<tr><td>学业检测</td><td colspan="2">

【课堂作业】

到长白山天池边上的游人会发现这样一种石头：遍身气孔，看上去满目疮痍，入水不沉，这就是著名的长白山浮石。下图为游客拍摄的天池自然风光及天池周边“浮石”图片。据此完成1～2题。

1. 长白山天池形成源于（　　）
A. 溶洞塌陷　　B. 板块挤压
C. 火山活动　　D. 冰川侵蚀

2. 下列关于“浮石”的说法正确的是（　　）
A. “浮石”中能够找到动植物化石
B. “浮石”与大理岩岩性相同
C. “浮石”空隙来自外力侵蚀
D. “浮石”源于岩浆喷发

福建南碇岛上分布有百万根玄武岩石柱，被称为“海上兵马俑”。下左图为南碇岛景观图，右图为岩石圈物质循环图，数字表示地质作用，字母表示三大类岩石。读图完成下面3～4题。

3. 南碇岛的主要岩石类型是图中的（　　）

沉积物　③　B　④　C　抬升　抬升　A　②　⑤　D　①　⑥　岩浆

A. A　　B. B　　C. C　　D. D

4. 南碇岛的岩石在地表易受到的地质作用过程是（　）
A. ①　　B. ②　　C. ③　　D. ⑥

</td><td>及时了解学生学习情况，弥补不足，巩固知识</td><td></td></tr>
</table>

续上表

教学环节	教学活动		问题设计意图	有效提问评估
	教师活动	学生活动		
学业检测	库木库勒地区（下图）在三叠纪末期上升成陆，中新世以后，形成地堑性湖盆。随着地壳的差异性抬升，逐渐引起了湖盆内部的多处分裂，气候趋于干旱，风力增强。区内现代冰川主要分布在南部山地，北部山地几乎无冰川分布。中部山麓有一条贯穿东西的泉水出露带。据此完成5～6题。 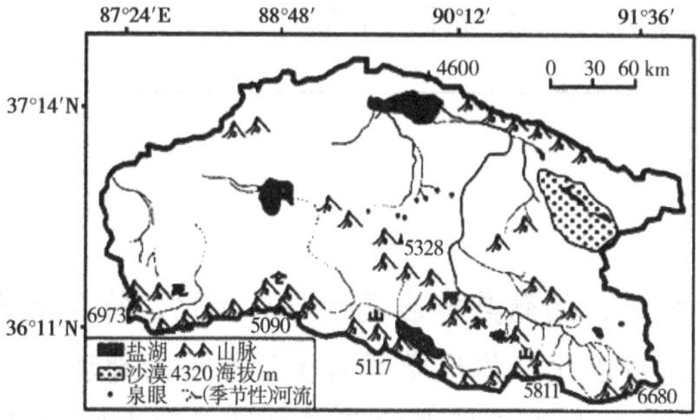 5．泉水出露带的地质构造可能是（　） A. 背斜　　B．向斜 C．褶皱隆起带　　D．断层 6．地壳差异性抬升对该区湖泊演化的影响有（　） A．湖泊面积增大　　B．湖水盐度减小 C．湖泊深度增加　　D．湖泊数量增多 7．阅读下面材料，完成下列问题。（22分） 材料一：下图示意土耳其首都安卡拉的气温和年降水量。 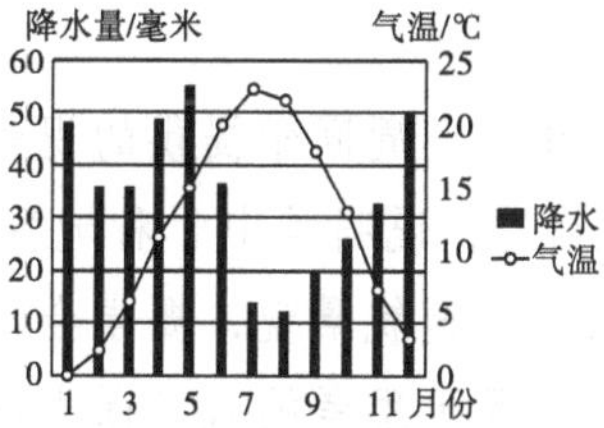 材料二：“戴帽子的精灵烟囱”（下图）位于土耳其安纳托利亚高原的卡帕多西亚，该区南面以前是活火山，岩浆以及火山灰冷却凝固后形成一层厚厚的凝灰岩。其特性类似于石灰岩，由于长期外力作用，形成了形态各异的石柱，一些圆锥形岩石的顶端还戴了一项玄武岩“帽子”。当地人在岩石上开凿了“窑洞”，建成了“烟囱客栈”，以供游客休闲。 			

续上表

<table>
<tr><td rowspan="2">教学环节</td><td colspan="2">教学活动</td><td rowspan="2">问题设计意图</td><td rowspan="2">有效提问评估</td></tr>
<tr><td>教师活动</td><td>学生活动</td></tr>
<tr><td>学业检测</td><td colspan="2">材料三：卡帕多西亚被誉为地球十大美景之一，是地球上最适合乘热气球的地方。
（1）分析“戴帽子的精灵烟囱”的形成原因。（8分）
（2）简述卡帕多西亚成为“最适合乘热气球的地方”的原因。（8分）
（3）“戴帽子的精灵烟囱”与陕北“窑洞”相似，请分析原因。（6分）</td><td></td><td></td></tr>
</table>

案例评析

该教学设计提问表述准确、科学，问题具有启发性与层次化，符合地理事物发展规律和学生认知规律，且问题具有生活情境化，体现学习对生活有用的地理。

从课前问题创设的有效性来看，该教学设计课前预习以提高学生的地理实践力为目标，组织学生进行研学旅行地的选取，让学生以小组为单位搜集资料、制作课件及课堂展示介绍，评选出优秀的研学旅行地设计。问题设计符合课程要求，突出高中地理教学的重点。布置的任务具有生活情境化，体现学习对生活有用的地理知识，并且学生展示借助视频、信息技术等工具进行提问，丰富了课堂内容，扩展了学生学习的深度和广度。

从课中提问实施的有效性来看，教学设计重在关注提问语言的有效性、提问方式的恰当性、候答时间的合理性、理答方式的有效性等方面。

1.提问语言的有效性

在导入新课、展示情境后，引导学生结合小周同学提供的视频和图片材料，提出两个问题：指出视频和照片中出现的典型地貌名称；说明其中1种地貌的形成原因。通过提问，引导学生在日常生活中或旅行路途中见到一些地貌景观，要学会从地理的视角分析这些地貌形成原因及演变过程，做一个善于发现、勇于思考的人。课堂设计的提问表述准确、科学，善于运用地理专业术语，且提问语言简明扼要，清晰流畅，指向性明确。

2.提问方式的恰当性

提问时机恰当，先提问，后叫答，且提问的范围明确、具体，特别重视创设情境，激发学生兴趣，让学生参与。整个教学设计创设一个学生暑期研学旅行的总体情境，再分成四个具体的区域设计问题，分别从内力作用、外力作用、岩石圈的物质循环等方面进行生活情境的创设，激发学生探究地理问题的兴趣。第一个情境探究的活动设计，通过观看“空中看庐山——航拍宣传片”的视频材料，提出两个问题说明庐山“飞峙”于这江环湖绕的平原上的力量；分析险峻的庐山上出现一片较为平坦的开阔地的原因。引导学生认识到塑造地表形态的地质作用包括内力作用和外力作用。庐山的形成就是内力和外力作用的结果。内力作用使山体抬升，外力作用使其不同部位形态各异。第二个情境探究的活动设计，展示情境材料：同学们来到了旅行的第二站——四川、西藏之旅，大家惊叹于从地形平坦的成都平原到高山峡谷遍布的青藏高原，一路上惊、险、绝、雄的景观，感受到了地表的高低起伏。行走到川西康定市的时候，大家一边欢快地哼唱着康定情歌，一边发现众多山崖清晰地展露在空中，叹为观止。提出问题：说明川藏公路沿线形成的高山峡谷、平原高原相间的地貌格局的主要地质作用；分析川西高原上众多山崖的形成原因。回答问题后，引导学生归纳内力作用的主要表现形式有地壳运动、变质作用、岩浆活动及对地表形态的影响。

3. 候答时间的合理性

候答时间充足，给学生思考时间，充分灵活运用候答时间观察学生，做到随机应变。如情境探究活动二，布置学生用5分钟合作讨论问题：从内力作用的角度，分析其对地表形态的主要影响，有利于加深其对自然环境要素的理解，培养学生语言表达、交流分享能力，提升地理思维。情境探究活动三，教师给学生小组合作时间为8分钟，合作讨论问题：从外力作用的角度，认识典型的冰川地貌、流水地貌、风化地貌的形成原因。情境探究活动四，小组合作学习用5分钟时间一起思考并书面表达出本组的答案。

4. 理答方式的有效性

课堂教学设计中认真倾听学生回答，并及时使用提示方法，适时引导学生思考，活跃思维，根据不同的问题类型采用多样化的理答方式，并积极对学生的回答给予鼓励性评价，每个问题后教师都会归纳总结答案，给学生一个明确、清晰、完整的答案。

从课后提问反思的有效性来看，课后及时反思总结课中问答成功经验及问答策略与智慧，并完善课堂教学有效提问路径、形成操作性强的方案。课后设计一个学生活动，指导学生在整理本上完成本节内容的思维导图，便于学生归纳总结本节内容，建立知识结构，并提供有针对性的练习题进行巩固提升。同时为了提升学生的地理思维能力和地理实践力，设计另一个学生活动，引导学生根据自己所掌握的知识，结合自己的兴趣爱好，设计一次关于地貌的研学旅行线路，要求说明具体线路、地貌类型，并分析地貌形成的过程，在班级内进行分享、交流探讨，小组之间互相点评，提出合理化的建议。该问题为应用型问题，问题的设计目的是加深学生对地质作用的掌握，学以致用，强化区域认知和综合思维能力，树立人地协调观的理念，培养地理实践力。

该教学设计中课堂有效提问方面也存在一些不足之处，如问题类型不够多样化，不能很好地满足不同学情学生的学习需求。在外力作用的活动设计中，笔者设计了三个问题，围绕冰川作用、流水作用进行提问，缺少了风力作用的设问，导致学生对风力地貌的认知不够深刻，对有关风力地貌形成过程类题目的分析不够全面。同时课堂教学设计中，在借助地理图表、信息技术等工具进行提问等方面还可以加强。设问的方式比较单一，对具体地貌的形成过程分析不够形象生动，可以更多地借助信息来模拟演示地貌形成的过程，会更有利于提高学生的理解力。

案例2：

《走向生态文明》教学设计

陈俊蓉　罗定中学

第一部分：课标解读

本单元的课标要求：说明环境保护政策、措施与国家安全的关系；说明碳减排国际合作的重要性。这两条“内容要求”均涉及人类应对行为的政策保障问题，有助于学生理解政策措施在保障资源、环境领域国家安全的作用。运用近期热点新闻事件创设真实情境，学生从人地协调和生态文明的高度理解如何通过资源、环境政策措施保障国家安全，培养学生正确的生态文明观。

第二部分：单元设计说明

【教学目标与学业质量】

教学目标	学业质量水平描述			
	水平一	水平二	水平三	水平四
说明人类走向生态文明的过程	简单说出原始社会、农业社会、工业社会三个人类社会发展阶段	能根据图文材料从主导产业、资源基础、环境问题、人与自然的关系等方面总结三个人类社会阶段的主要特征	在总结人类社会不同发展阶段特征基础上，分析人类走向生态文明的原因	在总结人类社会不同发展阶段基础上分析人类走向生态文明的原因，总结生态文明的内涵，阐释人与自然的关系
说明人与自然和谐共生的资源与环境安全观的内涵	简单说出人与自然和谐共生的资源与环境安全观的内涵，生态文明观念较弱	能举例说明人与自然和谐共生的资源与环境安全观的内涵，初步形成生态文明观	能结合给定的复杂案例，分析得出人与自然和谐共生的资源与环境安全观的内涵，具有较强的生态文明意识	能分析现实中的复杂案例，评价其对人与自然和谐共生的资源与环境安全观的体现，形成正确的生态文明观
举例说明生产方式和生活方式绿色化的途径	能举例说明生产方式和生活方式绿色化的途径	能举例说明生产方式和生活方式绿色化的途径，并概括这些途径的特点	能结合给定的复杂案例，评价其生产方式和生活方式绿色化的程度	能对现实案例的生产、生活方式绿色化程度进行评价，并提出改进措施

【教材分析】

在地理核心素养中，人地协调观居于中心地位，人类活动在人地协调观中又占据举足轻重的地位。资源、环境对人类的影响以及人类对资源问题和环境问题的应对是贯穿本教材的主题。本章教材主要着手于人类对资源问题和环境问题的应对和行动，而本节内容不直接设计课程标准中的具体内容要求，而是通过“从工业文明向生态文明转变”和“生态文明下的资源、环境与国家安全”两部分内容，阐释生态文明建设和人地和谐的资源与环境安全观的相关内容，为学生后续进一步理解各种环境政策和措施与国家安全之间的关系做铺垫。

【学情分析】

高二学生在经过半学期的学习，对资源、环境与国家安全的关系和内容有了比较深入的了解，然而本部分内容作为总结升华，内容理论性较强，涉及较多的政策和实例，对高中学生来说还比较抽象，只讲理论，学生很难真正理解以生态文明建设为目标的资源与环境安全观的内容，以及与国家安全的关系。

【教学重难点】

1. 说明人与自然和谐共生的资源与环境安全观的内涵。

2. 举例说明生产方式和生活方式绿色化的途径，培养正确的生态文明观。

【教学策略与方法】

围绕“生态文明建设”这一主题，以情境探究为主，结合图表分析来组织学习活动。沿着“情境—问题—探究—建构”思路，以问题为导向，充分调动学生自主学习的能力，依托宁夏万亩林场被断水的热点新闻创设情境，学生通过不同角色扮演，讨论在同一环境事件中不同人所具有的不同环境价值取向，引导学生树立正确的环境价值观；再结合生活实例，引导学生在探究过程中实现知识、方法、思维和能力建构的目标。

【内容结构】

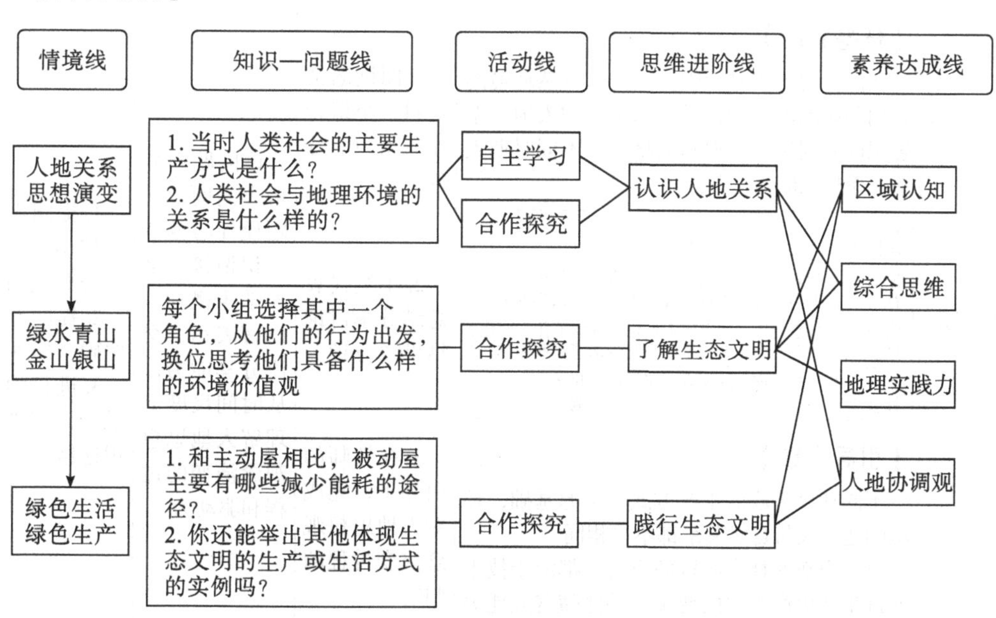

图 6–1

<table>
<tr><th rowspan="2">教学环节</th><th colspan="2">教学活动</th><th rowspan="2">有效提问分析</th><th rowspan="2">有效提问评估</th></tr>
<tr><th>教师活动</th><th>学生活动</th></tr>
<tr><td>课堂导入</td><td>【展示情境】
展示图片：“不同时期的绘画作品”，请同学们欣赏以下图画，从中寻找人地关系思想的体现？
【展示目标】
1. 运用图文资料，说明人类走向生态文明的过程。
2. 结合实例，解释人与自然和谐共生的资源与环境安全观的内涵，举例说明生产方式和生活方式绿色化的途径。
3. 联系实际，践行人与自然和谐共生的资源与环境安全观</td><td>1. 阅读图片，对不同时期人地关系有初步的认识和感知。
2. 明确本节课的学习重点和难点</td><td>为新课学习做铺垫，培养学生问题意识，激活学生的学习热情</td><td>提问范围明确、具体</td></tr>
<tr><td>合作探究一</td><td>【任务驱动】
在漫长的历史进程中，人类对自然环境的利用和影响的程度，受技术条件和人地关系思想的共同影响。展示表格：“不同时期人地关系思想的演变”。
<table><tr><th>社会阶段</th><th>思考一下</th></tr><tr><td>原始社会</td><td>1. 当时人类社会的主要生产方式是什么？
2. 人类社会与地理环境的关系是什么样的？</td></tr><tr><td>农业社会</td><td>1. 与原始社会的生产方式相比发生了什么变化？
2. 农业社会生产技术的变化带来了哪些影响？</td></tr><tr><td>工业社会</td><td>1. 这时生产方式又发生了哪些变化？
2. 生产方式的变化带来了哪些影响？</td></tr></table>【引导小结】
不同社会阶段的生产方式、资源基础，环境问题、人与自然关系都不尽相同。
每一个新的社会阶段的出现，都源于技术的进步和生产方式的变革，并伴随着人地关系的演变</td><td>1. 阅读图文资料，小组合作讨论（3分钟）。
2. 小组代表总结分享讨论结果(2分钟)。
3. 在教师的引导下，完成对人地思想观念演变过程的归纳</td><td>该问题为分析类问题，问题设计与教材知识衔接，培养学生概括、语言表达、交流分享能力，从时间尺度上理解人地思想观念演变的过程和驱动力</td><td>1. 提问面向全体学生，做到公平、公正。
2. 提问范围明确、具体。
3. 进行学科融合，实现知识迁移</td></tr>
</table>

续上表

教学环节	教学活动		有效提问分析	有效提问评估
	教师活动	学生活动		
	【提出问题】 历史的车轮行进到现代社会，我们拥有比之前更高的技术条件，我们的人地思想和过去一样，还是有所改变了呢？如果有改变，变成什么样了呢？ **【引导小结】** 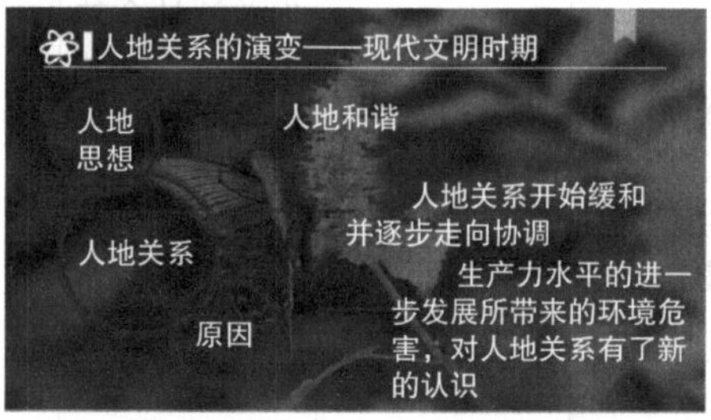 人地关系的演变——现代文明时期 人地思想　人地和谐 人地关系　人地关系开始缓和并逐步走向协调 原因　生产力水平的进一步发展所带来的环境危害，对人地关系有了新的认识 生态文明意味着人与自然是生命共同体，人类既要开发利用自然，也要遵循自然规律，协调人口、资源、环境与发展的关系，实现人与自然和谐共生	1. 阅读课文资料，思考回答问题。 2. 在教师引导下，理解生态文明观的内涵	该问题为分析类问题，问题设计与之前的内容衔接，通过问题去启发学生对现代人地关系的思考	1. 提问范围明确、具体。 2. 教师引导和鼓励学生参与
合作探究二	**【展示情境】** 3月28日，孙先生在宁夏灵武市马家滩镇承包了万亩荒沙滩，植树治沙已有20年。其间，当地的双马煤矿破坏了他这处林场的水源，后双方达成协议，煤矿将在污水处理厂建成后向林场供水，但近10年来未能有效解决林场缺水问题。展示图片：“万亩树木被煤矿断水新闻”和“宁夏的地理位置”。 **【视频补充】** 宁夏万亩林场被断水？——用水矛盾十年始末，播放视频：“宁夏林场和矿区用水之争”（视频1）  东方时空 ORIENTAL HORIZON 视频 1	1. 阅读图文资料，观看视频，描述宁夏地理位置，分析其自然地理环境，了解灵武市林场和矿场用水矛盾始末。 2. 课前做好线上资料收集，了解关注事情的进展，小组用5分钟合作讨论，组内选择1人作为记录员，1人作为代表发言。	1. 加深对生态文明建设的理解，培养学生语言表达、交流分享能力，提升综合思维及地理实践力。 2. 该问题为应用型问题，考查学生在新的情境中应用学过的技能。问题的设计目的是让学生通过换位思考，了解不同主体面对同一环境事件所做行为的出发点，通过对不同环境价值观的深入分析。	1. 问题的提问范围明确、具体。 2. 问题层次化，符合地理事物发展规律和学生认知规律。 3. 激发学生兴趣，融入课堂，积极讨论

续上表

<table>
<tr><th rowspan="2">教学环节</th><th colspan="2">教学活动</th><th rowspan="2">有效提问分析</th><th rowspan="2">有效提问评估</th></tr>
<tr><th>教师活动</th><th>学生活动</th></tr>
<tr><td></td><td>【合作探究】
政府 煤矿企业 林场主 公众
角色扮演：4人为一个小组，每个小组选择其中一个角色，从他们的行为出发，换位思考他们具备什么样的环境价值观。
【引导小结】
“绿水青山就是金山银山”是时任浙江省委书记习近平于2005年8月在浙江湖州安吉考察时提出的科学论断，是目前生态文明建设的重要课题，更需要政府、企业、公众共建促发展</td><td>3. 小组代表展示和分享讨论结果（3分钟）。
4. 在教师的引导下，学生认识到我们应该具有的环境价值观和应采取的个人行为</td><td>3. 引导学生形成辩证思维和人与自然和谐相处的价值取向；引导学生关注社会热点事件，培养社会责任感以及明辨是非的能力</td><td></td></tr>
<tr><td rowspan="2">合作探究三</td><td>【任务驱动】
1. 掌握人地和谐的资源与环境观的内容。
2. 如何保障资源与环境领域的国家安全？
【引导小结】
牢固树立人与自然和谐共生的资源与环境安全观，以生态文明为目标，变革发展模式：①推进生产方式的绿色化；②推进生活方式的绿色化</td><td>自主学习（1～2分钟），通过阅读课本图文资料进行总结归纳</td><td>该问题为分析类问题，问题设计与之前的内容衔接</td><td>提问范围明确、具体</td></tr>
<tr><td>【展示情境】
上海最省钱的房子：“不开空调、不烧热水，我们舒服地住了11年。”
【提出问题】
展示课本图片：“主动屋与被动屋加热的对比”。
①和主动屋相比，被动屋主要有哪些减少能耗的途径？
②你还能举出其他体现生态文明的生产或生活方式的实例吗？
【引导小结】
①与主动屋相比，被动屋的热量存储于石板、地板与墙面；②在房屋结构的连接点上减少热能损失；③增加大面积高性能玻璃获取太阳能；④通过合理的空气流动设计降低能耗等。
其余实例：生产方式绿色化，展示课本图片：“生产方式绿色化示例”。比如：</td><td>1. 观看视频和课本图文资料，小组合作对比主动屋与被动屋的差异，讨论并思考其中起到的作用。
2. 小组代表展示和分享讨论结果（2分钟）。
3. 在教师的引导下，归纳分享有关绿色生活、生产的方式</td><td>该问题为应用型问题，考查学生在新的情境中应用学过的技能，迁移应用以前的知识，思考绿色生活和生产的具体实例</td><td>1. 问题层次化，符合地理事物发展规律和学生认知规律。
2. 激发学生兴趣，融入课堂，积极讨论</td></tr>
</table>

续上表

教学环节	教学活动		有效提问分析	有效提问评估
	教师活动	学生活动		
	安徽滁州："稻虾共作"； 首钢工业遗址与奥运文化融合； 广西贵港生态工业园区—甘蔗制糖产业共生链； 绿色建筑； 新能源公交车等。 生产方式绿色化也就是把节能减排贯穿在生产、运输、消费的全过程中			
课堂总结	**【活动指导】** 指导学生完成本节思维导图	绘制思维导图，学生代表展示成果	归纳总结本节内容，建立知识结构	
学业检测	**【课后作业】** 人口耕地弹性系数是土地面积百分比和人口百分比之比，它可以衡量人口与耕地关系的紧张程度。下图为贵州乌蒙山区各海拔地带2000、2008年人口耕地弹性系数状况，读图完成1～2题。 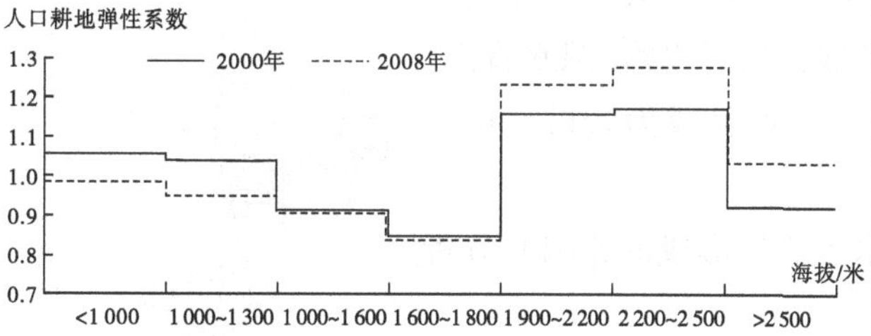 人口耕地弹性系数 1.3 1.2 1.1 1.0 0.9 0.8 0.7 —— 2000年　------ 2008年 海拔/米 <1 000　1 000~1 300　1 000~1 600　1 600~1 800　1 900~2 200　2 200~2 500　>2 500 1．2000—2008年,该地区人地关系趋于紧张的地带是(　　) A．2 500米以上地带　B．1 900 ～ 2 500米地带 C．1 300 ～ 1 900米地带　D．1 300米以下地带 2．2000—2008年，该地区1 900米以上地带人口耕地弹性系数变化的原因及影响可能是（　　） A．大量开垦耕地，人地关系趋于缓和 B．人口迁出，人地关系趋于缓和 C．大量退耕还林，人地关系趋于紧张 D．人口迁入，人地关系趋于紧张		及时了解学生学习情况，弥补不足，巩固知识	

【板书设计】

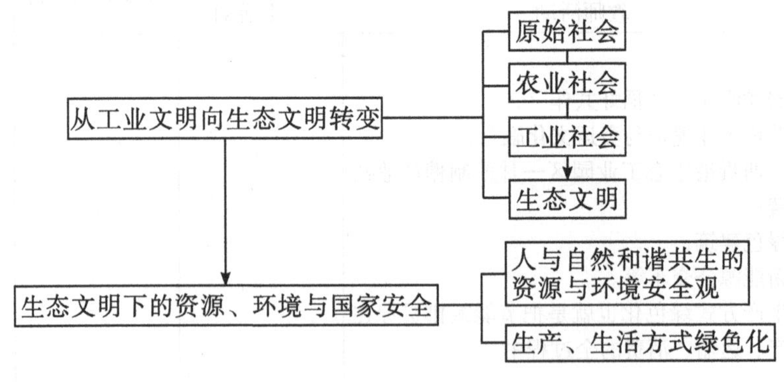

图 6–2

【课后作业】

材料一：安吉县地处浙江西北部，北靠天目山，面向沪宁杭，植被覆盖率为 75%，以毛竹、白茶和生态旅游为支柱产业。近些年，随着区域产业的发展，更高更陡的一些山区天然植被被人工竹林、茶园所代替，水土流失呈现恶化趋势。图示 6–3 意安吉县的相对地理位置及地形地势。

材料二：浙江安吉县余村三面环山，溪水长流，竹林茶园广布，耕地稀少。安吉县余村在 20 年前采过石灰岩，建过石灰窑，办过水泥厂，溪流浑浊，烟尘漫天，集体经济一路红火，曾是浙江著名的富裕村。在文明村镇创建过程中，余村结合自身优势，从“卖石头”中解脱出来，逐步走上了一条绿色发展之路。绿水青山，不仅是今日余村的“金名片”，而且成为余村可持续发展的“摇钱树”。

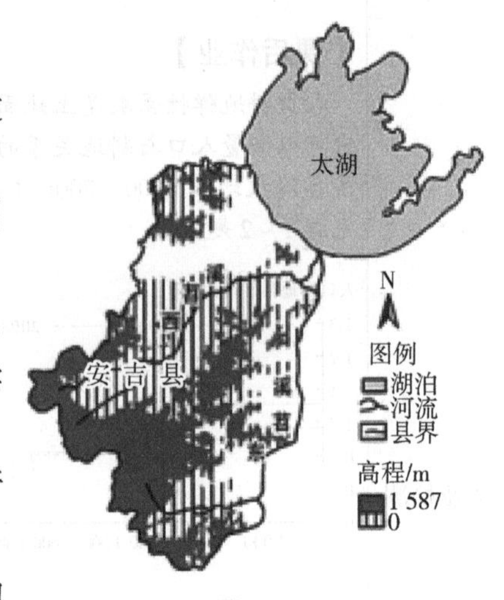

图 6–3

（1）据图说明安吉县水土流失形成的原因并分析可能带来的危害。

（2）简述余村因地制宜走绿色发展之路所采取的具体措施。

案例评析

该教学设计提问表述科学、准确，问题具有生活情境化，紧跟时事热点，问题链设计具有启发性，环环相扣，由表及里，深入浅出，具有层次性，符合地理事物发展规律和学生认知规律，问题类型多样化，满足不同学情学生的学习需求。

从课前问题创设的有效性来看，该教学设计课前预习以培养人地协调观、综合思维为目标，通过不同时期人地关系的图画，迁移运用历史知识，讨论并思考当时人类社会主要生产方式是什么，以及人类社会与地理环境的关系，问题设计符合课程要求，突出高中地理教学的重点，培养学生的语言表达及交流分享能力，从时间尺度上理解人地思想观念演变的过程和驱动力，拓展学生学习的深度和广度。

从课中提问实施的有效性来看，教学设计重在关注提问语言的有效性、提问方式的恰当性、候答时间的合理性、理答方式的有效性等方面。

1. 提问语言的有效性

在学生完成对人地关系思想演变的分析后，引导学生思考历史的车轮行进到现代社会，我们拥有比之前更高的技术条件，我们的人地思想和过去一样，还是有所改变了呢？如果有改变，变成什么样了呢？提问表述简明扼要，清晰流畅，指向性明确。

2. 提问方式的恰当性

提问时机恰当，衔接课前设计的问题展开提问。该教学设计首先确定了核心问题是“什么是生态文明建设和人地和谐的资源与环境安全观”。围绕核心问题设计不同层次的问题链条，在问题链下再铺设一条情境链，分为两个具体的区域设计问题，将问题进一步具化为情境中的设问，激发学生兴趣，让学生参与。第一个情境探究的活动设计围绕“什么是人地和谐的资源与环境安全观”，将宁夏万亩林场断水新闻作为当时的热点事实引入课堂，通过观看“宁夏林场和矿区用水之争”的视频材料，选择角色扮演的方式作为探究方式，4人为一个小组，每个小组选择其中一个角色，提出问题：从他们的行为出发，换位思考他们具备什么样的环境价值观；第二个情境探究的活动设计是围绕“在我们生活中有哪些绿色生活和生产的实例”，通过观看视频“上海最省钱的房子：不开空调、不烧热水，我们舒服地住了11年”，借助课本上的图文资料，提出两个问题：①和主动屋相比，被动屋主要有哪些减少能耗的途径？②你还能举出其他体现生态文明的生产或生活方式的实例吗？小组合作对比主动屋与被动屋的差异，讨论并思考其中起到的作用。回答问题后，引导学生归纳分析有关绿色生活、生产方式的例子。

3. 候答时间的合理性

候答时间充足，给足学生思考、书写的时间，与问题难易程度相匹配，充分灵活运用候答时间观察学生，随机应变。如第一个情境探究活动讨论问题：事件中政府、煤矿企业、林场主、公众的行为，思考他们具备什么样的环境价值观，时间为5～6分钟，小组代表分享结果在3分钟左右，引导学生形成辩证思维和人与自然和谐相处的价值取向，培养社会责任感以及明辨是非的能力；第二个情境探究活动讨论被动屋在减少能耗上的途径以及有关绿色生产生活的实例，讨论时间为3～4分钟，小组代表分享和补充讨论结果。

4. 理答方式的有效性

在课堂教学的过程中认真倾听学生回答，适当运用合适的引导语，帮助学生活跃思维，根据不同的问题类型采用多样化的理答方式，通过探问、转问、追问等方式引导学生深入探究，及时给予学生具体、积极的评价，归纳总结，给学生一个明确、清晰、完整的答案。

从课后提问反思的有效性来看，课后及时反思复盘课中提问方式的有效性，总结问答成功的经验和策略，完善修改教学设计中问答缺点与不足。课堂总结环节必不可少，对整节课知识内容进行梳理后，课后设计指导学生制作本节课的思维导图，展现学生地理思维，建立知识框架，并提供针对性练习进行巩固提升。

教学设计仍存在不足之处：①对学生回答进行切入和延伸时，由于随机性大，对教师临场反应要求高，偶尔出现提问不够清晰准确的情况；②开放性表达的问题多，应该在设计时预先考虑学生可能会产生的新问题和新讨论的时间，对时间把控不足；③在设置问题时，缺少对问题难度的分层，中下难度问题偏多，对学生差异性考虑不足；④提问的语言艺术需要进一步提高，表达可以更清晰流畅。

二、高中人文地理课堂有效提问案例

案例 3：

城镇空间结构及其变化教学设计

——以新兴县三 A 凌丰公司旧厂“三旧”改造项目为例

伍春永　新兴县惠能中学

第一部分：课标解读

课标要求：结合实例，解释城镇和乡村内部的空间结构，说明合理利用城乡空间的意义。即指导学生实地调查新兴县三 A 凌丰公司旧厂“三旧”改造项目，帮助学生分析城镇内部空间结构的形成和变化，从中能看出合理利用城乡空间的意义。通过调查活动，培养学生热爱家乡、尊重事物发展规律的人地协调观。

第二部分：设计说明

【教材分析】

本节课为必修第二册第二章第一节第二课时，空间结构有城镇和农村，本节课主要研究城镇内部的空间结构。第一节第一课时已经了解过乡村土地利用和城镇内部空间结构。特别是对城镇内部空间结构有一定的认知，本节课主要了解城镇内部空间结构的形成和变化以及合理利用城乡空间的意义。附加一个活动：调查三 A 凌丰公司旧厂“三旧”改造项目的城镇空间结构及其变化。

【学情分析】

学生通过上节课学习了乡村土地利用和城镇内部空间结构，对城镇内部空间结构有了一定认识。但对城镇内部空间结构的形成和变化以及合理利用城乡空间的意义还不是特别清楚。

【学习目标】

学习目标	学业质量水平描述			
	水平一	水平二	水平三	水平四
区域认知：运用实例，分析城镇内部空间结构的形成和变化	知道城镇内部空间结构的概念	了解城镇内部空间结构的形成	了解城镇内部空间结构的形成和变化	能根据实例，举一反三，分析城镇内部空间结构的形成和变化
综合思维：结合实例，说明合理利用城乡空间的意义	能说出合理利用城乡空间的意义	能默写出合理利用城乡空间的意义	能结合实例，说明合理利用城乡空间的意义	能结合家乡实例，说明合理利用城乡空间的意义。做出相关题目的答案
地理实践力：能利用城镇内部空间结构原理去完成调查活动	知道城镇内部空间结构原理。有去完成调查活动的计划	知道城镇内部空间结构原理。有去完成调查活动的计划。能在监护人陪同下完成部分调查活动	知道城镇内部空间结构原理。有去完成调查活动的计划。能在监护人陪同下完成全部调查活动	能独立利用城镇内部空间结构原理去完成调查活动。有总结、反思
人地协调观：通过调查活动，培养热爱家乡、尊重事物发展规律的人地协调观	通过调查活动，对自己家乡有一定认知	通过调查活动，对自己家乡有一定认知。了解事物发展规律	通过调查活动，对自己家乡有一定认知。了解事物发展规律。知道人地协调观	通过调查活动，培养热爱家乡、尊重事物发展规律的人地协调观

【教学重难点】

1. 教学重点：运用三 A 凌丰公司旧厂“三旧”改造项目，分析城镇的内部空间结构的形成和变化，特别是经济因素（地租曲线）。

2. 教学难点：结合三 A 凌丰公司旧厂“三旧”改造项目，说明合理利用城乡空间的意义。

【课前准备】

1. 教师准备：课件、教学设计、多媒体。

2. 学生准备：完成调查三 A 凌丰公司旧厂“三旧”改造项目活动，提前完成课本 28 ~ 30 页相关思考题。

【教学策略与方法】

通过活动：调查三 A 凌丰公司旧厂“三旧”改造项目。完成活动，教师做好记录。课堂上，围绕“高中课堂有效提问”，利用问题引导法、自主探究法、案例分析法、多媒体辅助法，聚焦核心素养导向、构建问题导学课堂，实现地理学科核心素养的落实。

第三部分：教学过程

教学环节	教学活动		问题设计意图	有效提问评估
	教师活动	学生活动		
课前活动	近几年，新兴县坚持政府引导市场运作和以人为本的原则，综合运用法律、行政、经济的手段，采取土地置换、调整、改变用途、政府有偿收回重新出让等方式，走内涵式城市扩张的路子，实现了改造旧城区、旧厂房16宗，盘活了一批“死地”，提高了土地的利用价值，扎实推进节约集约用地。新兴县三A凌丰公司旧厂“三旧”改造项目是其中的典范。通过调查新兴县三A凌丰公司旧厂“三旧”改造项目，完成以下问题。①该项目改造前内部空间结构是什么功能区？是如何形成的？②该项目改造后是什么功能区为主？③该地为什么会发生功能区的变化？④发生这样的变化有什么意义？	通过实践活动，把活动结果写到作业本上，然后交到教师处	问题设计与实践相结合，通过寻找问题答案去激发学生的学习热情，提高学生地理实践力	1. 问题社会现实情境化，结合生活实践，落实立德树人的根本目标。 2. 问题面向全体学生，做到公平、公正。 3. 问题具有启发性
课前复习	城镇包括城市和镇，是以非农业经济活动为主的地区。城镇里人口相对较多，经济活动多样，出现了土地利用的专业化，往往会形成不同的功能区，如居住区、商业区、工业区等。温故知新，介绍本节课课标要求、学习目标。 提问分为2组，1组为2个学生到黑板上默写；其他学生为1组在座位上默写（候答时间为1分钟）	黑板上由两位同学默写，其他学生在自己座位默写。了解课标要求、学习目标（答题时间为3分钟）	该问题为理解型问题，通过问题去引导学生理解城镇的概念和理论	1. 提问表述准确、科学，地理专业术语准确。 2. 提问的指向性明确。 3. 教师引导和鼓励学生参与
问题导入新课	通过调查新兴县三A凌丰公司旧厂“三旧”改造项目，完成问题：该项目改造前内部空间结构是什么功能区？是如何形成的？ 提问面向全体学生，回答则是抽查2位学生。也有可能是全体学生回答了。看课堂气氛决定（候答时间为1分钟）	回答城镇内部空间结构的形成因素。城镇内部空间结构的形成是多种因素共同作用的结果，经济因素是影响城镇内部空间结构的主要因素，这在城市中表现得尤为明显。寻找2个学生回答，也有可能全体学生回答了(答题时间为4分钟)。参考答案：工业区；因为工业在前面几十年愿意付出的租金最高	第1个问题为理解型问题，是让学生判断出新兴县三A凌丰公司旧厂“三旧”改造项目改造前内部空间结构是什么功能区。激发学生的好奇心和好胜心。第2个问题是分析型问题，是让学生推测该功能区是如何形成的。学习地理还能推测过去事物的成因。提高学生学习兴趣和学习自信心	1. 问题设计突出本节课的重点。 2. 采用抽查提问，考虑学生之间的差异性。 3. 创设问题情境，让学生参与。 4. 观察课堂气氛，掌握学生学情

续上表

<table>
<tr><th rowspan="2">教学环节</th><th colspan="2">教学活动</th><th rowspan="2">问题设计意图</th><th rowspan="2">有效提问评估</th></tr>
<tr><th>教师活动</th><th>学生活动</th></tr>
<tr><td>经济因素</td><td>通过上面的问题，引入讲授城镇内部空间结构的形成因素之一（经济因素）。
通过思考题讲评，引导学生学习影响地租高低的因素主要有交通便捷程度和距离城镇中心远近两个方面</td><td>全体学生自主学习课本第28页思考题，并由2个学生回答（候答时间为1分钟，答题时间为2分钟）</td><td>该问题为分析型问题，可以提高学生综合思维</td><td>1. 学生兴趣浓厚，积极讨论，思维活跃。
2. 学生准确回答问题，有深度和广度。
3. 问题有一定深度，教师观察学生及时鼓励</td></tr>
<tr><td>其他因素及城镇内部空间结构的变化</td><td>除了经济因素还有其他因素吗？引入城镇内部空间结构的其他形成因素（政策、文化、环境因素），通过调查新兴县三A凌丰公司旧厂“三旧”改造项目，完成问题：该项目改造后是什么功能区为主？该地为什么会发生功能区的变化？给出提示：新兴县三A凌丰公司旧厂“三旧”改造项目总平面图节选以下：
<table>
<tr><th>序号</th><th></th><th>名称</th><th>单位</th><th>设计要求</th></tr>
<tr><td>1</td><td></td><td>规划总用地面积</td><td>m^2</td><td>10138.5</td></tr>
<tr><td>2</td><td></td><td>建筑红线面积</td><td>m^2</td><td>5919.15</td></tr>
<tr><td>3</td><td></td><td>总建筑面积</td><td>m^2</td><td>37952. 03</td></tr>
<tr><td>4</td><td></td><td>计容面积</td><td>m^2</td><td>28386. 48</td></tr>
<tr><td>5</td><td rowspan="5">其中</td><td>住宅建筑面积</td><td>m^2</td><td>21463.21</td></tr>
<tr><td>6</td><td>商业建筑面积</td><td>m^2</td><td>6641.31</td></tr>
<tr><td>7</td><td>物业管理用房面积</td><td>m^2</td><td>71.87</td></tr>
<tr><td>8</td><td>养老服务室面积</td><td>m^2</td><td>98.40</td></tr>
<tr><td>9</td><td>配电房</td><td>m^2</td><td>110.70</td></tr>
<tr><td>10</td><td></td><td>不计容面积</td><td>m^2</td><td>9666.55</td></tr>
<tr><td>11</td><td rowspan="3">其中</td><td>首层架空层</td><td>m^2</td><td>327.17</td></tr>
<tr><td>12</td><td>三层架空层</td><td>m^2</td><td>424.14</td></tr>
<tr><td>13</td><td>地下建筑面积</td><td>m^2</td><td>8815.24</td></tr>
<tr><td>14</td><td></td><td>首层占地面积</td><td>m^2</td><td>3302.54</td></tr>
<tr><td>15</td><td></td><td>容积率</td><td>%</td><td>2. 80</td></tr>
<tr><td>16</td><td></td><td>建筑密度</td><td>%</td><td>37.51%</td></tr>
<tr><td>17</td><td></td><td>绿地面积</td><td>m^2</td><td>2562.55</td></tr>
<tr><td>18</td><td></td><td>绿地率</td><td>%</td><td>25%</td></tr>
<tr><td>19</td><td></td><td>居住户数</td><td>户</td><td>164</td></tr>
<tr><td>20</td><td></td><td>居住人口数</td><td>人</td><td>574</td></tr>
<tr><td>21</td><td></td><td>人均绿地面积</td><td>m^2</td><td>4. 46</td></tr>
<tr><td>22</td><td></td><td>停车泊位</td><td>个</td><td>601</td></tr>
<tr><td>23</td><td rowspan="4">其中</td><td>摩托车 / 电动车</td><td>个</td><td>210</td></tr>
<tr><td>24</td><td>住宅小车位</td><td>个</td><td>164</td></tr>
<tr><td>25</td><td>商业配套小车位</td><td>个</td><td>67</td></tr>
<tr><td>26</td><td>商业配套摩托车 / 电动车</td><td>个</td><td>160</td></tr>
</table>
活动对象是全体学生，优秀活动成果展示是2个学生（候答时间为1分钟）</td><td>由2个学生进行活动展示（答题时间为4分钟）。
参考答案：住宅区；城镇内部空间结构是随着城镇的发展而逐渐形成和变化的。住宅区给出的地租更高</td><td>该问题为应用型问题，通过活动，组织答案。
让学生深刻理解城镇内部空间结构的变化，提高学生地理实践力</td><td>1. 学生兴趣浓厚,积极讨论。
2. 学生准确回答问题，有广度。
3. 需要理论联系实际，教师观察学生及时鼓励,激发学生地理实践力</td></tr>
</table>

续上表

教学环节	教学活动		问题设计意图	有效提问评估
	教师活动	学生活动		
自主设计城镇内部空间结构	抛出问题，如果你是城市设计师，你会把新兴县三A凌丰公司旧厂"三旧"改造项目改造成什么样？给出自己梦想的方案	找1～2位学生说说自己的方案	该问题为评价型问题，通过学生自己思考，释放学生的想象力	1. 学生兴趣浓厚。 2. 学生根据实际情况回答问题，有深度。 3. 教师观察学生及时鼓励，激发学生地理实践力
城镇内部空间结构的变化原因	除了经济因素还有其他因素吗？引入城镇内部空间结构的其他形成因素（政策、文化、环境因素）。 通过调查新兴县三A凌丰公司旧厂"三旧"改造项目，完成问题：该地为什么会发生功能区的变化？请回答	由2个学生进行活动展示（答题时间为4分钟）。 参考答案：城镇内部空间结构是随着城镇的发展而逐渐形成和变化的。住宅区给出的地租更高	该问题为分析型问题，能让学生深刻理解城镇内部空间结构的变化原因，提高学生综合思维、地理实践力	1. 提问精准。 2. 学生根据实际情况回答问题，思维活跃。 3. 教师观察学生及时鼓励
合理利用城乡空间的意义	通过调查新兴县三A凌丰公司旧厂"三旧"改造项目，完成问题：发生这样的变化有什么意义？教师举例证明。 提问对象为全体学生（候答时间为1分钟）	全体学生共同回答（答题时间为2分钟）	该问题为分析型问题，师生共同合作，结合实例让学生理解合理利用城乡空间的意义。提高学生区域认知、综合思维	1. 提问突出本节课难点。 2. 教师举例引导学生思考。 3. 激发学生综合思维
	教师面向全体学生，问题引入：高考中有关城乡空间结构的问题有哪些？可以提问2位学生，但允许学生答不上来（候答时间为2分钟）。引入：知识拓展： 1. 下图为地租等值线规律图，学生课堂上自己做笔记。 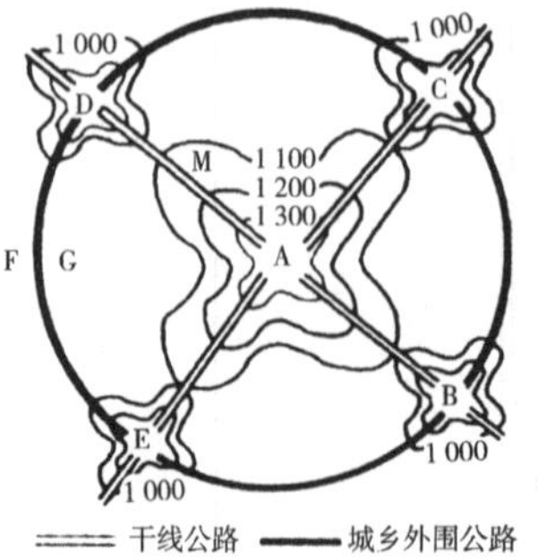 1 000 1 000 D C M 1 100 1 200 1 300 F G A B E 1 000 1 000 干线公路 城乡外围公路			

续上表

教学环节	教学活动		问题设计意图	有效提问评估
	教师活动	学生活动		
知识拓展、习题自主学习	①地租等值线向外凸出；交通便捷，地租较高。 ②地租等值线向内凹进；交通不便，地租较低。 2．河流流向对城镇内部空间结构的影响： 污染水源的工厂要远离河流或布局在河流下游；自来水厂布局在上游。 3．风向对城镇内部空间结构（工业区）的影响： 一种主导风向的地区：工业区布局在主导风向下风向。 季风区：工业区布局在季风垂直的郊外。 多种风向：工业区布局在当地最小风频的上风向。 课堂练习（2016・天津卷）： 地租是城市各种环境因素在经济上的综合表现，下图显示了我国某市中心城区地租从中心向边缘递减的变化趋势，由于环境质量、基础设施等因素的不同，城市不同方向的地租变化程度存在差异。读图文材料，完成 1 ~ 2 题。 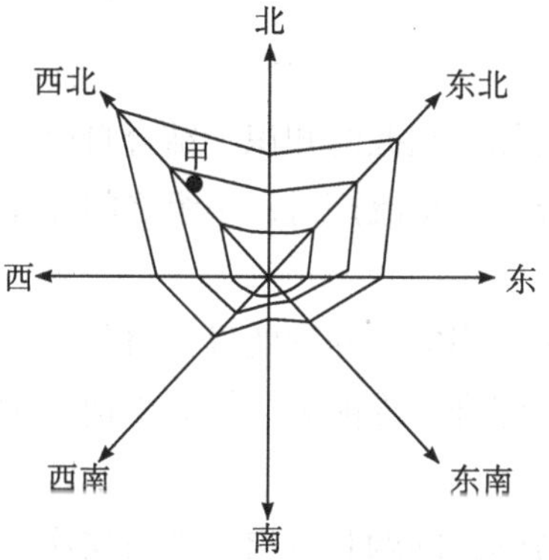 某市中心城区地租等值线分布示意图 1．符合图中该城区实际情况的表述是（　　） A．北部地区的地租梯度，总体大于南部地区 B．地租相同的区位，西南方向距离市中心最近 C．西北方向地租等值线稀疏，表示该方向交通设施较好 D．东南方向地租等值线密集，表示该方向空气质量较好 2．该市计划在甲地建设产业园区，最适宜的是（　　） A．电子信息产业园区　B．钢铁工业产业园区 C．航空航天产业园区　D．汽车工业产业园区 全体学生自主学习后，每道题寻找 1 位学生，共 2 位学生回答问题，要分析成因（答题时间为 2 分钟）		这些问题为分析型问题，旨在提高学生人地协调观、综合思维	
课堂小结	教师课堂小结（思维导图）	做好思维导图的笔记		

【板书设计】

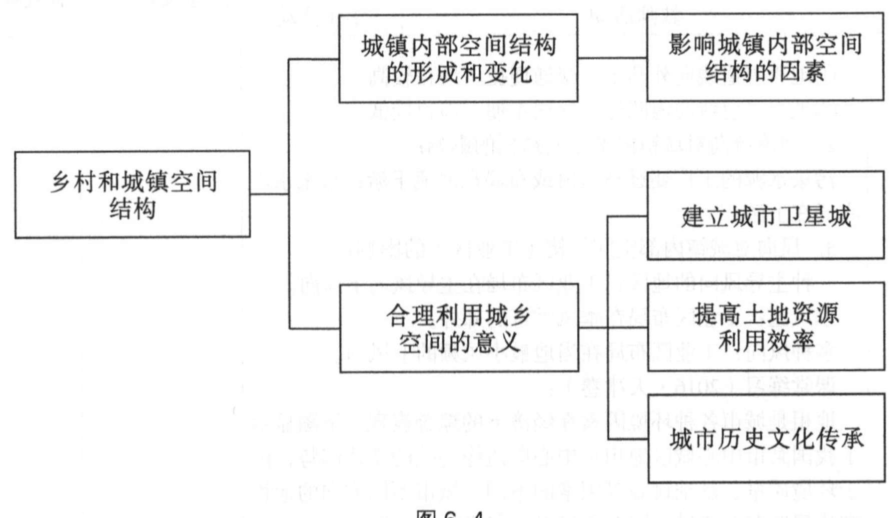

图 6–4

【课后作业】

结合本节课的内容，请同学们根据你所掌握的知识，结合自己认识的城镇空间结构，推测它的前身、未来，在班级内进行分享，交流探讨，小组之间互相点评，提出合理化的建议。

问题设计意图：该问题为分析应用型问题，问题的设计目的是加深学生对城镇空间结构的认识，学以致用，强化区域认知和综合思维能力，树立人地协调观的理念，培养地理实践力。

有效提问评估：提问表述准确、科学，问题具有启发性及层次化，符合地理事物发展规律和学生认知规律。

案例评析

本节课“课前活动”提问评价：提问具有启发性。结合生活实践，提问把社会现实情境化，体现学习对生活有用的乡土地理内容。拓展学生学习的深度和广度；问题设计有助于培养学生的实践力。提问可以更具体和更加有针对性，提问语言可以更加精炼。

“课前复习”提问评价：提问表述准确、科学，地理专业术语准确；提问的指向性明确。教师引导和鼓励学生参与。提问语言表达丰富，有表现力和感染力。提问可以更加深入，深挖其中精髓。

“问题导入新课”提问评价：提问突出本节课的重点。采用抽查提问，考虑学生之间的差异性。创设问题情境，让学生参与。观察课堂气氛，掌握学生学情。提问时机恰当，依据课前设计的问题展开提问；体现提问方式的恰当性。候答时间合理；提问的次数适当，但把控能力有待提升。

“经济因素”提问评价：提问有一定深度，教师观察学生并及时鼓励。候答时间充足，给学生思考时间；候答时间与问题难易程度相匹配。充分灵活运用候答时间观察学生，做到随机应变。引导学生的同时也要给予其他学生提醒、引导。

“其他因素及城镇内部空间结构的变化”提问评价：学生兴趣浓厚，积极讨论；学生准确回答问题，有广度。需要理论联系实际，教师观察学生并及时鼓励，激发学生地理实践力。叫答的范围广，面向中等，顾及全体；根据问题难度选择合适的学生，考虑学生之间的差异性。不同学生回答同一问题，形成思想的碰撞和知识的统一。

“自主设计城镇内部空间结构”提问评价：提问有深度，学生根据实际情况回答问题。教师观察学生并及时鼓励，激发学生地理实践力。认真倾听学生回答；使用提示方法，适时引导思考，活跃思维。根据不同的问题类型采用多样化的理答方式（如探问、追问、转问等）。归纳总结，给学生一个明确、清晰、完整的答案。提问语言应该更加精炼和具体，应该具有更加明确的指向性、直击目标和答案。

“城镇内部空间结构的变化原因”提问评价：提问精准。学生根据实际情况回答问题，思维活跃。教师观察学生并及时鼓励；拥有良好的师生互动。提问可以更加有层次性，环环相扣。

“合理利用城乡空间的意义”提问评价：提问突出本节课难点。教师举例引导学生思考；激发学生综合思维。学生清晰地表达，不含糊和产生歧义。有效激发学生地理核心素养。纠错准确适时，引导学生发现错误。提问应该更加有广度。

《基于乡土地理的问题式教学设计》

以“服务业区位因素及其变化”为例

牟雪利　邓发纪念中学

第一部分：课标解读

本节对应的课标内容为：结合实例，说明服务业的区位因素。在本条课标中，“结合实例”是行为条件，“说明”是行为动词，是认知内容。“结合实例”表明学生应具备使用地理知识解决实际问题的能力，能将其思维过程迁移到其他情境中；“说明”要求学生能用清晰的逻辑思维表述各要素之间的关系；“服务业的区位因素”涉及多种要素之间的复杂联系，需要学生用综合思维理解地理问题，服务业的产生和发展，既有初始的、最基本的因素支撑，同时随着科技的发展和社会的进步，相较农业和工业而言，其区位因素的变化较大，更需要用动态发展的眼光来看待问题。要求运用实际案例讲解和展现服务业的区位因素，在教学过程中引导学生从生活实际入手，选取适合的案例说明原理，并且最后能够实现举一反三。

第二部分：教学设计说明

【教学目标与学业质量】

学习目标	学业质量水平描述		
	水平一	水平二	水平三
能说出服务业概念及分类，能够判断生活中的具体服务行业的类别	能够区分商业性服务业与非商业性服务业	能够判断具体服务行业的类别	—
能说出服务业的基本特点，与农业、工业进行比较，能够区分三大产业	能说出服务业的基本特点	与农业、工业进行比较，能够区分三大产业	—
通过调查云城区某类服务业发展现状，对家乡特定服务业发展献计献策	—	—	结合课前调查，以实例说明服务业的主要区位因素
借助云城区各镇街公办学校的分布对比分析，能说出非商业性服务业的区位因素	能说出影响服务业区位选择的一两个因素	能够简单分析某个因素如何影响服务业	—
结合生活实例和相关资料，能够分析新兴服务业区位选择的影响因素	知道新兴服务业的发展特点	结合实例，分析通信网络科技等因素对新兴服务业的影响	综合分析新兴服务业区位选择的影响因素

【教材分析】

该节是人教版必修第二册中的内容，强调以空间特征为线索组织教学，通过案例进行学习和迁移，注重地理实践和解决现实生活问题，通过地理信息技术培养人文地理空间思维。本节是“第三章　产业区位因素”的第三节，是学习农业区位因素、工业区位因素之后的一节内容，是在原有的农业区位因素和工业区位因素上的新增知识点，知识结构上较为相似，是服务业相关知识第一次在中学地理教材中的系统呈现。新课标根据服务业为用户提供服务的方式，将服务业分为两类，即一类服务业是直接提供服务到用户所在地点，另一类服务业是用户到企业提供服务的地点进行购买活动，本文重点讲解后者中的零售业。

【学情分析】

高一学生能够根据逻辑推理、归纳或演绎等方式来解决问题，也能够根据材料提取地理信息，思维具有可逆性、补偿性和灵活性等特点，同时具备感性思维和理性思维。一方面，学生通过对农业和工业区位因素的学习，初步掌握主要产业区位因素，能简单分析产业因素的影响，但对于服务业几乎没有任何知识背景，加大了学习的难度。另一方面，对于中学生而言，在生活中直接接触农业和工业的经历较少，但对零售业、餐饮业等传统服务业生活经历丰富，利用熟悉的生活经历，有利于降低学生的理解难度，提高学习积极性。因此根据服务业的教学内容，选择学生生活中熟悉的实例，让学生对所选区域有一个感性的认识，引导学生综合考虑服务业的区位因素。

【教学重难点】

1. 教学重点：服务业的区位因素及服务业区位因素的变化。

2. 教学难点：

（1）从生活实例中抽象、总结出影响服务业的主要区位因素。

（2）运用动态发展的眼光看待服务业的区位因素变化，并能举出相应的具体案例进行说明。

【内容结构】

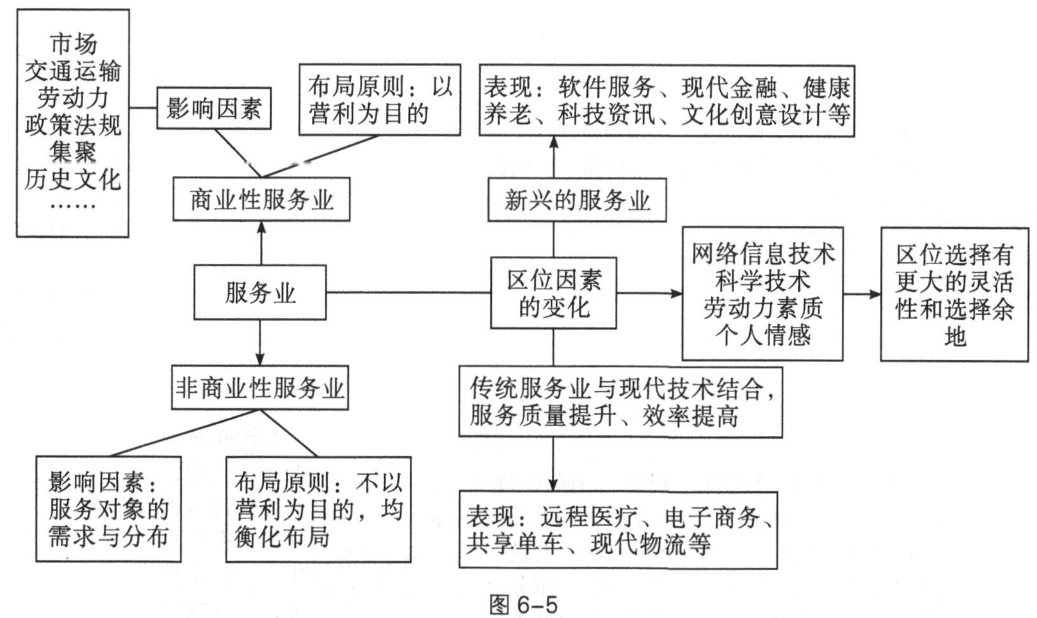

图 6–5

【教学策略与方法】

本书总体教学思路是：首先介绍服务业的分类，再用具体事例来说明哪些是商业性服务业和非商业性服务业；结合教材图 3.27，说明商业性服务业的主要区位因素，举例说明不同规模的商业性服务业和不同类型的服务业的影响因素不同。其次，让学生了解现代社会随着科学技术的发展，新兴服务行业不断涌现，传统服务业也在不断改造和提升。因此，服务业的区位选择具有更大的灵活性和选择余地。从教学上看，可以从真实情境中进行案例的呈现，通过情境和问题的整合，将乡土情境和不断深入的问题链结合起来，推进教学实施。学生在乡土情境中，通过解决层层深入的问题链（初始服务业之貌→深究服务业之因→再探服务业之变），深入知识的学习，掌握服务业的区位因素，实现情境的迁移应用，培养地理核心素养。

第三部分：教学设计

教学环节	教学活动		有效提问分析	有效提问评估
	教师活动	学生活动		
课前预习	**【任务驱动】** 任务 1: 通读教材 71 ~ 76 页的内容至少两遍，勾画出重要概念、规律，将不理解、有疑问的地方（概念、图表、规律等）记录在下面方框内： 任务 2: 将本节课的知识结构图梳理在下面方框内（提示：包括服务业的类型、影响因素及区位因素的变化）： 任务 3: 通过资料收集、观察、访谈或问卷调查，了解云城区现有商业中心（新世纪广场、东方时代广场、益华国际广场、吾悦广场）主要商铺的数量、类型、规模、服务范围、服务人群和客流量等情况，结合调查情况及城区相关地图，比较分析各商业中心区位因素的优缺点（单数组完成）。 任务 4: 通过资料收集、观察、访谈或问卷调查，了解云城区现有公办学校的类型、数量、规模、招生范围等情况，将调查结果整理在城区地理图上（双数组完成）	1. 所有同学完成预习任务 1 与任务 2。 2. 以小组为单位查阅资料，完成任务。并将成果制成便利贴，张贴于教室“每日一贴”地理角处	1. 让学生带着教材走向教师，实现“先学后教”。 2. 该问题为调查类问题，问题设计与教材知识衔接与生活经历相关，通过问题去激活学生的学习热情和关注家乡的情感	1. 问题生活情境化，体现乡土地理内容。 2. 提问面向全体学生，做到公平、公正

续上表

<table>
<tr><th colspan="2" rowspan="2">教学环节</th><th colspan="2">教学活动</th><th rowspan="2">有效提问分析</th><th rowspan="2">有效提问评估</th></tr>
<tr><th>教师活动</th><th>学生活动</th></tr>
<tr><td colspan="2">导入新课</td><td>【展示情境】
播放视频云浮云城宣传片：俯瞰广东“硫都”，纵览云城：
展示云城城区地图。
【提出问题】
同学们周末去哪里逛街？在云城城区地图上标注出来，并归纳云城商业中心的分布特点</td><td>1. 观看视频，用心感受云城的发展与变化。
2. 学生根据实际情况说出答案并在地图上标注出来</td><td>1.创设情境，增加学生对乡土地理的关注，激发学习兴趣，引入学习主题。
2. 展示图片并采用提问的方式导入，增加学生认同感</td><td>提问范围面向全体学生，引导和鼓励学生参与</td></tr>
<tr><td>新课学习</td><td>预习检测</td><td>【任务驱动】
1. 组内同学相互展示预习任务 1 和任务 2 的完成情况，互相答疑，大家初步完善知识结构图。
2. 区分概念：零售业、服务业、第三产业。
【展示情境】
（2023 年 2 月 2 日，云浮政府网）从云浮市统计局获悉：2022 年云浮市地区生产总值为 1 162.43 亿元，同比增长 2.1%。其中，第一产业增加值为 218.91 亿元，同比增长 4.4%；第二产业增加值为 378.32 亿元，同比增长 2.7%；第三产业增加值为 565.20 亿元，同比增长 0.9%。
【提出问题】
说一说你眼中的服务业（列举服务业的类型、与工农业比较其特征）。
【引导小结】
服务业与农业、工业的区别：
农业：人们利用土地的自然生产力，栽培植物或饲养动物，以获得所需产品。
工业：在工厂里，劳动力运用动力和机械设备，将原料制成产品。
服务业：与农业、工业从事生产活动的性质不同，服务业指生产和销售服务类产品的部门</td><td>1. 学生就预习情况互相答疑、交流并完善知识结构图。
2. 学生阅读材料，独立思考后个别学生作答</td><td>利用预习任务加深对教材知识的理解，同时充分利用同伴榜样和监督的力量，夯实基础知识，提高学生学习主动性和图文表达力</td><td>1. 创设问题情境，让学生参与。
2. 注重引导和探究。
3. 积极评价和给予学生鼓励性评价</td></tr>
</table>

续上表

<table>
<tr><th rowspan="2">教学环节</th><th colspan="2">教学活动</th><th rowspan="2">有效提问分析</th><th rowspan="2">有效提问评估</th></tr>
<tr><th>教师活动</th><th>学生活动</th></tr>
<tr><td>初识服务业之貌</td><td>服务业产品特点：非实物性、不可储存性、生产与消费同时性。
服务业分类：依据是否以营利为目的分为商业性服务业和非商业性服务业。
播放视频：《现代服务业包括哪些行业》
现代服务业包括哪些行业
What industries does modern service industry include
服务业的发展对国家富强和人民生活的重要作用，其内涵在于：
为人做事，满足人的需要</td><td>学生听取别的小组分享后，结合相关资料，独立思考后整理答案进行回答</td><td>从生活中常见的服务业出发，吸引学生注意，提高学习兴趣，引发学生思考，明确核心概念，为后面的学习做铺垫</td><td>1. 问题的提问范围明确、具体。
2. 问题层次化，符合地理事物发展规律和学生认知规律。
3. 激发学生兴趣，融入课堂，学以致用。
4. 候答时间与问题难易程度相匹配</td></tr>
<tr><td>深究服务业之因</td><td>【展示情境】
（2023 年 1 月 6 日，云浮政府网）在 2023 年云浮市工作报告第三条“着力扩内需稳外贸，持续提升高质量发展的坚强韧性”中明确提出促进消费市场提质，合理规划“多中心、便民化”的消费布局。
【提出问题】
如果你有 30 万元的预算，要在云城区开一家咖啡店，你会选在哪里？规模多大？为什么选在那里？
【成果展示】
请完成课前预习任务 3，单数小组派代表展示调查结果。（选派调查结果特别详细、优秀的两组展示）

任务 3：通过资料收集、观察、访谈或问卷调查，了解云城区现有商业中心（新世纪广场、东方时代广场、益华国际广场、吾悦广场）主要商铺的数量、类型、规模、服务范围、服务人群和客流量等情况，结合调查情况及城区相关地图，比较分析各商业中心区位因素的优缺点（单数组完成）。</td><td>1. 小组代表上台发言，并展示小组课前调查成果，教师对结果进行点评与评价。</td><td>1. 该问题为分析应用型问题，考查学生在新的情境中应用学过的技能。问题的设计目的是进一步加深对商业性服务业的影响因素的理解，学以致用，提高学生的地理实践力。</td><td>1. 问题的提问范围明确、具体。
2. 问题层次化，符合地理事物发展规律和学生认知规律。
3. 激发学生兴趣，融入课堂，学以致用</td></tr>
</table>

续上表

<table>
<tr><th rowspan="2" colspan="2">教学环节</th><th colspan="2">教学活动</th><th rowspan="2">有效提问分析</th><th rowspan="2">有效提问评估</th></tr>
<tr><th>教师活动</th><th>学生活动</th></tr>
<tr><td></td><td></td><td>展示投影图：
云城区四大商业中心的热力图 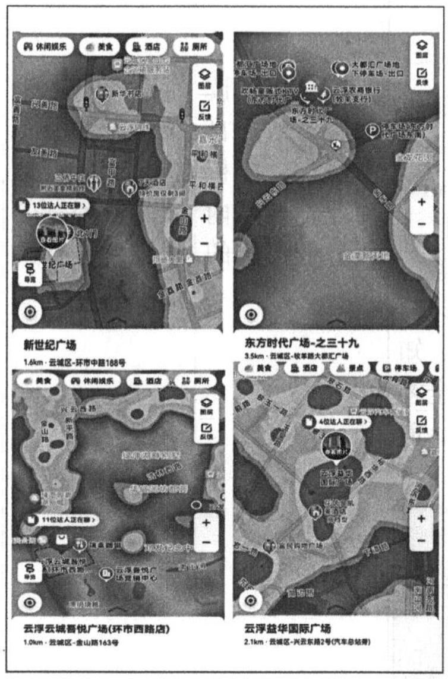
新世纪广场
东方时代广场-之三十九
云浮云城吾悦广场(环市西路店)
云浮益华国际广场
咖啡馆周边交通概况图 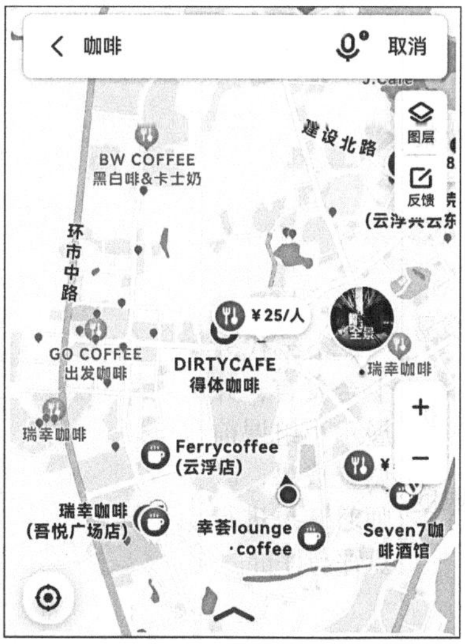
咖啡 取消
建设北路
BW COFFEE 黑白啡&卡士奶
环市中路
¥25/人
GO COFFEE 出发咖啡
DIRTYCAFE 得体咖啡
瑞幸咖啡
Ferrycoffee (云浮店)
瑞幸咖啡 (吾悦广场店)
幸荟lounge ·coffee
Seven7咖啡酒馆
【引导小结】
商业性服务业以营利为目的，其主要影响区位因素有：市场、交通、劳动力、政策、法规、集聚、历史文化等</td><td>2. 学生观察商业中心不同类型的地图，加深对商业性服务业影响因素的理解。
3. 在教师的引导下，完成对商业性服务业影响因素的归纳</td><td>2. 让学生从自己熟悉的商圈入手，学会提取关键地理信息，分析商业服务业的区位因素，提升综合思维能力</td><td></td></tr>
</table>

续上表

教学环节	教学活动		有效提问分析	有效提问评估
	教师活动	学生活动		
	【展示情境】 云浮吾悦广场项目定位65万平方米城市旗舰综合体，是目前云浮市规模最大、业态最齐全的商业综合体。项目以创新“Mall + X”商业形态，涵盖购物中心、风情街区、高端住宅、山河景致等多元核心商业元素，打造云浮文旅商业标杆；项目集IMAX影院、精品超市、国内外快时尚、儿童全业态、知名餐饮等品牌商家于一体的城市标杆型全客层时尚购物公园，打造云浮繁华新地标、消费新中心。 **【提出问题】** 结合生活经历分析商业综合体内服务业集聚的利弊？ **【引导小结】** 服务业集聚的优点： ①不同商家可以共享基础设施，降低交易成本； ②便捷地获取信息和技术，彼此带动，扩大知名度和影响力； ③可以减少消费者的交通费用，最大限度地吸引消费者，提高经济效益。 服务业集聚的缺点： ①商家间竞争压力加大； ②可能出现用地紧张； ③出现污染问题	1. 学生阅读材料，结合自身经历，分析商业综合体内服务业集聚的利弊。 2. 小组代表上台发言，并展示小组课前调查成果，教师对结果进行点评与评价	引导学生关注云城的发展，形成可持续发展问题的意识，树立人地协调观	1. 问题具有启发性。 2. 提问面向全体学生，做到公平、公正。 3. 教师引导和鼓励学生参与

续上表

<table>
<tr><th rowspan="2" colspan="2">教学环节</th><th colspan="2">教学活动</th><th rowspan="2">有效提问分析</th><th rowspan="2">有效提问评估</th></tr>
<tr><th>教师活动</th><th>学生活动</th></tr>
<tr><td></td><td></td><td>【展示情境】
（2023 年 4 月 16 日，云浮融媒）近年来，云浮市不断加大对基础教育公共服务的投入和建设，全面推进公平而有质量的教育，深化城乡融合，增加公办优质学位供给，推动优质教育资源均衡覆盖。根据《云浮市推动基础教育高质量发展实施方案》，云浮市将继续推动新建扩建一批公办中小学校（幼儿园）。计划到 2025 年，全市新增中小学（幼儿园）公办学位 84 843 个，满足人民群众“上好学”的需求。
【成果展示】
请完成课前预习任务 4，单数小组派代表展示调查结果。（选派调查结果特别详细、优秀的两组展示）
任务 4: 通过资料收集、观察、访谈或问卷调查，了解云城区现有公办学校的类型、数量、规模、招生范围等情况，将调查结果整理在城区地理图上（双数组完成）。
展示投影图：云城区部分学校分布图： 
【提出问题】
如果你是云浮市教育局局长，在投放新增中小学（幼儿园）公办学位时，会首先考虑哪些因素？
【引导小结】
非商业性的公共服务业着眼社会福利分配公平，以均衡化为区位选择原则，主要考虑被服务对象的需求与分布</td><td>学生结合问题展开思考，整理自己的答案，个别同学进行分享</td><td>问题的设计目的是进一步加深对非商业性服务业的影响因素的理解，学以致用，提高学生的地理实践力</td><td>1. 问题的提问范围明确、具体。
2. 问题层次化，符合地理事物发展规律和学生认知规律。
3. 激发学生兴趣，融入课堂，学以致用</td></tr>
</table>

续上表

教学环节		教学活动		有效提问分析	有效提问评估
		教师活动	学生活动		
	再探服务业之变	**【展示情境】** 美食百货，随叫随到 外卖 果蔬生鲜 超市便利 品质百货 买药 问医生 美食 酒店民宿 休闲玩乐 打车 电影演出 美团优选 饮品小吃 KTV 周边旅游 火车票机票 骑车 丽人美发 免费水果 按摩足疗 跑腿 送心意 公交地铁 驾车 打车 订酒店 周边游 比价租车 火车票机票 步行 优惠加油 地铁图 查公交 骑行 助老打车 跑步运动 更多工具 **【提出问题】** 电子商务与实体商店相比有何优势？如果你在云城区吾悦广场开了一家咖啡馆，你将如何做大做强？ **【引导小结】** ①价格优势：节省实体门店的装修费、租金、水电费、人工费用，以及商品流通的中间成本，定价更低。 ②便捷优势：网络平台下单，快递送货到门。 …… 人口规模 人均购买力 消费偏好 了解服务对象 地理位置 交通运输 历史文化 …… 消费环境 集聚 政策 …… 地租 降低经营成本 服务业的区位选择思路 劳动力素质 技术 提高效益	学生结合问题展开思考，整理自己的答案，个别同学进行分享	结合学生的网络购物经历，通过自身经历感受生活的服务业区位因素变化的实例，学会用发展的眼光看待服务业区位因素的变化	1. 问题具有启发性。 2. 提问面向全体学生，做到公平、公正。 3. 教师引导和鼓励学生参与

续上表

教学环节	教学活动		有效提问分析	有效提问评估
	教师活动	学生活动		
课堂总结	**【活动指导】** 1. 请对照学习目标自我检测，并用一句话总结本节课的收获。 2.PPT 展示知识结构图，学生再次完善梳理本节知识结构图。 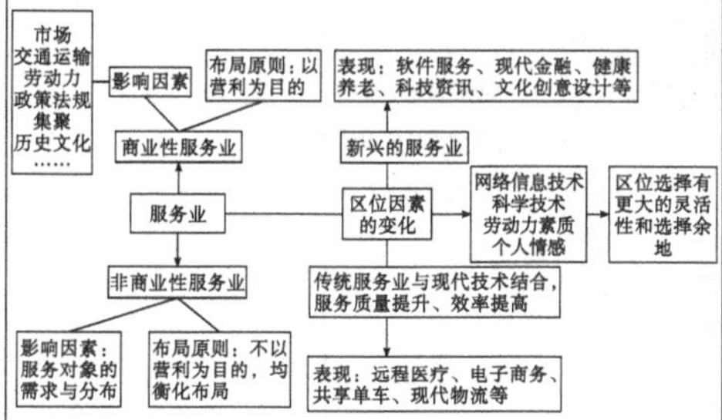 市场 交通运输 劳动力 政策法规 集聚 历史文化 …… 影响因素 布局原则：以营利为目的 商业性服务业 服务业 非商业性服务业 影响因素：服务对象的需求与分布 布局原则：不以营利为目的，均衡化布局 表现：软件服务、现代金融、健康养老、科技资讯、文化创意设计等 新兴的服务业 区位因素的变化 网络信息技术 科学技术 劳动力素质 个人情感 区位选择有更大的灵活性和选择余地 传统服务业与现代技术结合，服务质量提升、效率提高 表现：远程医疗、电子商务、共享单车、现代物流等	树立知识脉络，完善知识结构，学生代表展示成果	让学生分享、对话，容易引起学生的共鸣，同时培养学生总结归纳的能力，及时内化知识	
学业检测	**【课堂作业】** 2017 年 7 月 10 日，杭州无人超市火热开业，实现“自动识别、即走即付”购物体验，它的背后则是集自主感知及学习系统、目标跟踪及分析系统和意图识别及交易系统于一身的 IOT（物联网）技术方案。据此完成 1 ～ 2 题。 1. 与传统超市相比，无人超市的优势是（　　） ①提高超市商品质量　②降低劳动力成本 ③降低商品物流成本　④改善用户购物体验 A. ①③　B. ①②　C. ②③　D. ②④ 2. 无人生活超市最适宜布局在（　　） A. 农村　B. 居住区　C. 工业区　D. 商业区 网络预约鲜花，例如：“花点时间”和“每周一花”等，是指送花人利用网络订购鲜花，网络电商直接把花送到手中，是鲜花销售的新形式。据此完成 3 ～ 4 题。 3. 网络预约鲜花能够实现并且大面积普及的主要原因是（　　） A. 科学技术的发展 B. 劳动力成本降低 C. 种植技术的改变 D. 现代物流业的发展和冷藏保鲜技术的进步 4. 网络预约鲜花与传统的鲜花店面销售方式相比(　　) A. 增加了商业网点销售的成本 B. 促进了技术革新和产品的升级换代 C. 营销环节减少，销售成本降低 D. 使生产企业不必致力于开拓市场		及时了解学生学习情况，弥补不足，巩固知识	

续上表

教学环节	教学活动		有效提问分析	有效提问评估
	教师活动	学生活动		
	点餐类APP软件的出现，给足不出户的人们提供了便利，改变着人们的生活方式。2018年度中国互联网餐饮外卖市场总规模远超2017年，已经达到了4 415亿元人民币。下图示意2017、2018年度中国互联网餐饮外卖市场份额构成。据此完成5～7题。 5. 互联网餐饮外卖门店最佳的选址应临近（　　） A. 大型居住区 B. 中心商务区 C. 大学校园区 D. 工业园区 5.90%　8.30%　8.90%　8.40%　2017年　82.70%　85.80%　2018年 ■ 校园学生市场　■ 家庭社区市场　□ 白领商务市场 6. 与到店就餐相比，商家利用点餐APP等销售外卖，可以减轻（　　） A. 对市场位置的依赖 B. 对市场需求的了解 C. 恶劣天气的影响 D. 对交通条件的依赖 7. 通过APP软件，可以查询到送餐员的即时位置和行驶路线，所用的技术为（　　） A. GPS和RS　　B. PS和GIS C. GPS和GIS　　D. RS和GIS			

【板书设计】

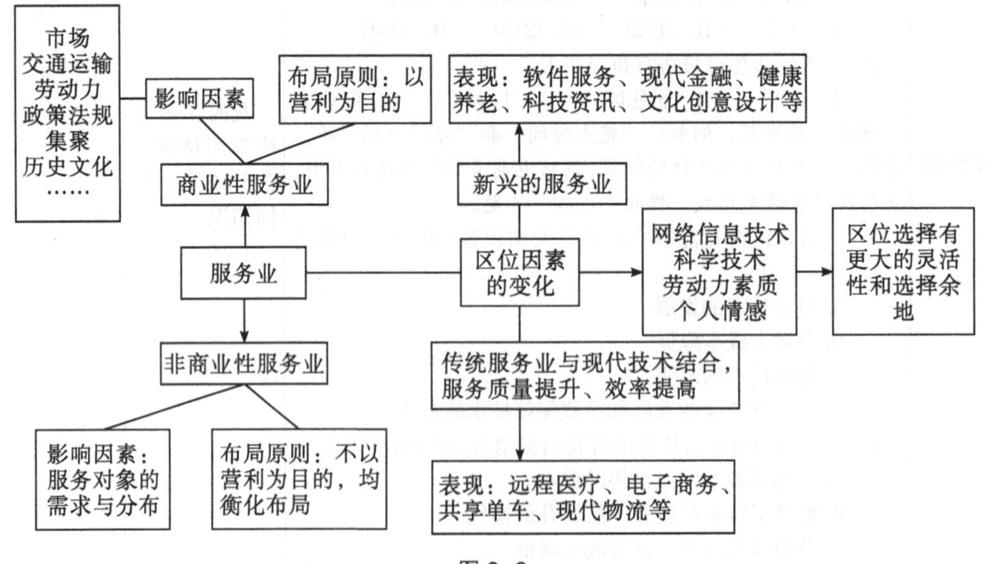

图 6–6

【课后作业】

结合本节课所学知识，观看视频《智慧城市——杭州》，比较目前云浮与杭州在智慧城市建设方面的差异，并为建设更智慧的云浮献计献策。

问题设计意图：该问题为比较类分析应用型问题，问题的设计目的是巩固对自然条件要素的理解，认识区域发展的限制性因素并加以改造，理解人类要遵循自然规则，培养学生的人地协调观。提高综合思维、地理实践力等学科核心素养，升华热爱家乡的家国情怀。

案例评析

知识在问题中传达，教学模式在问题中构建，情感态度价值观在问题中树立，因此，课堂提问作为教学行为的重要组成部分，是决定教学成功与否的重要因素之一。该教学设计提问符合课程要求，问题体现层次化，具有启发性，符合地理事物发展规律和学生认知规律，问题具有生活情境化，体现学习对生活有用的乡土地理内容。

从课前问题创设的有效性来看，该教学设计任务1课前预习以落实教材基础知识为要，突出本节地理教学的重点，让学生带着教材走向教师，实现“先学后教”。任务2与任务3以提高学生的地理实践力为目标，要求以小组为单位查阅资料，该问题为调查类问题，问题设计与教材知识衔接且与生活经历相关，通过问题去激活学生的学习热情和关注家乡的情感，问题生活情境化，体现乡土地理内容。提问面向全体学生，做到公平、公正，有助于培养学生的学科核心素养。

从课中提问实施的有效性来看，教学设计重在关注提问语言的有效性、提问方式的恰当性、候答时间的合理性、理答方式的有效性等方面。

1. 提问语言的有效性

在导入新课时让学生通过视频感受云城城区的发展与变化，增加学生的认同感，并提出问题：同学们周末去哪里逛街？在地图上标注出来，并归纳云浮市商业中心的分布特点。通过提问，增加学生对乡土地理的关注，激发学习兴趣，提问范围面向全体学生，引导和鼓励学生参与。课堂设计的提问语言简明扼要，清晰流畅，指向性明确，提问语言表达丰富，有表现力和感染力。

2. 提问方式的恰当性

提问时机恰当，依据课前设计的问题展开，先提问，后叫答，且提问的范围明确、具体，特别重视创设情境，激发学生兴趣，让学生参与。本教学设计从真实情境中进行案例的呈现，通过情境和问题的整合，将有机结合的乡土情境和不断深入的问题链结合起来，推进教学实施。问题“说一说你眼中的服务业（列举服务业的类型、与工农业比较其特征）”，从生活中常见的服务业出发，吸引学生注意，提高学习兴趣，引发学生思考，明确核心概念，为后面的学习做铺垫；学生听取别的小组分享后，结合相关资料，独立思考后整理答案并进行回答。问题“如果你有30万元的预算，要在云城区开一家咖啡店，你会选在哪里？规模多大？为什么选在那里？”该问题为分析应用型问题，考查学生在新的情境中应用学过的技能。问题的设计目的是进一步加深对商业性服务业的影响因素的理解，学以致用，提高学生的地理实践力。问题层次化，符合地理事物发展规律和学生认知规律，激发学生兴趣，融入课堂，学以致用。

3. 候答时间的合理性

候答时间充足，给学生思考时间，充分灵活运用候答时间观察学生，做到随机应变。如问题“如果你是云浮市教育局局长，在投放新增中小学（幼儿园）公办学位时，会首先考虑哪些因素？”问题的设计目的进一步加深对非商业性服务业的影响因素的理解，学以致用，提高学生的地理实践力，要求学生结合问题展开思考，整理自己的答案，个别同学进行分享。学生需要思考的时间较长，留足5分钟再进行分享。又如“请对照学习目标自我检测，并用一句话总结本节课的收获。”让学生分享、对话，容易引起共鸣，同时培养学生总结归纳的能力，及时内化知识（预计3分钟）。但学生一看到任务就跃跃欲试，索性就让学生凭第一直观感觉进行分享，利用同样的时间让更多的同学进行了分享，让不同学生可以回答同一问题，形成思想的碰撞和知识的统一。

4. 理答方式的有效性

课堂教学设计中认真倾听学生回答，尽量不打断学生，适时引导学生思考，活跃思维，根据不同的问题类型采用多样化的理答方式，并积极对学生的回答给予鼓励性评价，每个问题后教师都会归纳总结，给学生一个明确、清晰、完整的答案。

从课后提问反思的有效性来看，课后及时反思总结课中问答成功经验及问答策略与智慧，并完善课堂教学有效提问路径，形成操作性强的方案。课后设计一个学生活动：学生再次完善梳理本节知识结构图。通过梳理知识脉络，完善知识结构，加强知识理解，培养学生总结归纳的能力，及时内化知识。设计另一个学生活动：结合本节课所学知识，观看视频《智慧城市——杭州》，比较目前云浮与杭州在智慧城市建设方面的差异，并为建设更智慧的云浮献计献策。该问题为比较类分析应用型问题，问题的设计目的是巩固对自然条件要素的理解，认识区域发展的限制性因素并加以改造，理解人类要遵循自然规则，培养学生的人地协调观，提高综合思维、地理实践力等学科核心素养，升华热爱家乡的家国情怀。该提问表述准确、科学，问题具有启发性及层次性，符合地理事物发展规律和学生认知规律。

本教学设计有效提问需要改进的地方有：问题设计面面俱到，缺少有倾向的结构性问题，导致课堂教学的个性塑造不明显；引导学生主动思考、主动探究 、主动提问的好问题的数量较少，让学生获得应有的知识与技能，形成质疑、反思的思维能力和主体意识较弱；注重点在于让问题的呈现方式更全面，未打出不同特色的“组合拳”，使教学重点呈现不明显。

案例 5：

《特产新兴香荔，助力乡村振兴——农业区位因素及其变化》

第 1 课时　教学设计

叶俊毅　新兴县田家炳中学

第一部分：课程标准与解读

【课程标准】

结合实例，说明农业区位因素。

【课标解读】

根据《普通高中地理课程标准（2017 年版 2020 年修订）》分析可知，从本条标准来看，行为动词是“说明”，要求较高，达到理解并应用的程度；方式是结合实例，要求创设真实情境，在情境案例中总结出农业区位因素，并对这些因素进行综合分析，思考农业生产活动与地理环境的关系。

第二部分：单元设计说明

【教学目标与学业质量】

教学目标	学业质量水平描述			
	水平一	水平二	水平三	水平四
以新兴特产香荔为例，结合材料说出并分析影响农业生产的自然因素和人文因素，初步形成分析农业区位的综合思维方法。并思考在乡村振兴背景下的农业发展方向，渗透人地协调观和乡土情怀	能够知道农业区位因素包括自然因素和人文因素。说出自然因素包括气候、地形、土壤、水源；人文因素包括市场、政策、交通、技术、劳动力等。人地协调观和乡土情怀较弱	能够根据材料简要分析农业区位因素。理解不同因素对农业生产的影响，初步掌握分析一个区域农业区位因素的方法。对人地协调观和乡土情怀有一定的感性认知	能够结合实例，在真实情境中分析农业区位因素，体会到要素之间的联系，能用综合思维分析农业区位因素，并能对农业区位选择做出正确指导。人地协调观和乡土情怀较强	能够综合分析真实情境中各种农业区位因素对农业生产和农业选择的影响；能够结合时代背景，透析农业区位因素的变化以及正确指导农业生产和区位选择。形成正确的人地协调观和深厚的乡土情怀

【教材分析】

“产业区位因素”是地理学重要理论之一，被广泛应用于社会生产和生活中，也是必修二的核心内容之一，放在必修二第三章讲述，居于教材的核心地位。第三章《产业区位因素》又分为三节，分别是农业区位、工业区位和服务业的区位。本节标题是“农业区位因素及其变化”，位于第三章的第一节，是“产业区位理论及应用”的开篇，在本章中起着引领的作用，为工业区位、服务业区位的教与学奠定基础，主要讲述农业区位概念、农业区位因素、农业区位因素的变化和农业区位的选择，层层递进、步步深入，是一个由理论到实践、由分析到归纳、由单一到综合的思维学习过程。

本节计划分2课时完成教学，第1课时：学习“农业区位因素”，主要内容包括区位的概念、农业区位的概念、农业区位自然因素和农业区位的人文因素。第2课时内容包括：农业区位因素的变化和农业区位的选择。

【学情分析】

处于高一下学期的学生在经历了上学期自然地理的相关知识学习后，有一定的分析农业区位自然因素内容的能力，但首次接触区位理论，需要教师对相关概念做具体化的解释。

另外，笔者所任教的学校为乡镇中学，学生多出身农村家庭，对农业生产并不陌生，加上选取的案例为本土案例，学生对农业区位因素的分析接受度会更高。

【教学重难点】

1. 教学重点：理解影响农业生产和选择的区位因素。

2. 教学难点：掌握在真实情境中对某一区域的农业区位因素进行分析的思维方法。

【教学策略与方法】

主要运用“情境教学法”和“问题式教学法”，围绕“农业区位因素”这一主题，以“新兴香荔”创设情境，一境到底。从自然因素过渡到人文因素，以两个主要问题带若干小问题，引导学生在真实案例中，通过对图文材料的分析解决实际问题，初步学会运用农业区位理论，培养综合思维，渗透人地协调观和乡土情怀。

第三部分：教学设计

教学环节	教学活动		问题设计意图	有效提问评估
	教师活动	学生活动		
导入新课	**【展示情境】** 播放新兴香荔的图片和宣传片，展示新兴香荔曾作为皇家贡品的历史，激发学生的学习热情。 **【引入新课】** 明清时期的统治者为何要将生长在距离皇城千里之外的新兴香荔作为皇家贡品？为何不能将香荔移植到北方？	观看图片和宣传片，思考回答问题：香荔不能移植北方的原因	引导学生思考不同地区的农业生产与地理环境的关系，引出农业区位的概念	1. 提问面向全体学生。 2. 提问具有启发性。 3. 教师引导和鼓励学生参与

续上表

<table>
<tr><th colspan="2" rowspan="2">教学环节</th><th colspan="2">教学活动</th><th rowspan="2">问题设计意图</th><th rowspan="2">有效提问评估</th></tr>
<tr><th>教师活动</th><th>学生活动</th></tr>
<tr><td rowspan="2">新课学习</td><td>农业区位与农业区位因素</td><td>【概念解释】
明确农业区位的概念，从农业区位的第二层含义，即农业生产与其他要素之间的联系展开讨论影响农业生产的主要因素。
地形 气候 劳动力 市场 政策法规 交通运输 水源 土壤 → 农业生产主要因素 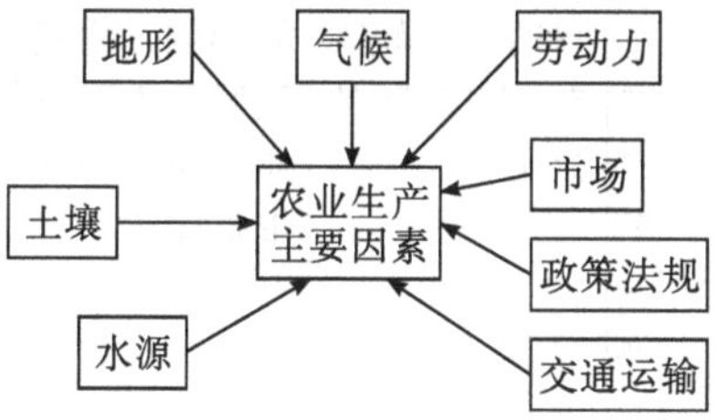
【引导小结】
引导学生说出影响农业区位选择的自然因素和人文因素</td><td>阅读教材第55 ~ 57页，说出影响农业区位选择的自然因素和人文因素</td><td></td><td></td></tr>
<tr><td>情境问题一：说明新兴县种植香荔的有利自然因素</td><td>【展示情境】
介绍新兴香荔的特点和种植历史，并说明荔枝的生长习性。
【提出情境问题一】
说明新兴县种植香荔的有利自然因素。
材料一：展示新兴县地图。
新兴县隶属广东省云浮市，位于广东省中部偏西、云浮市东南部，毗邻珠江三角洲，地处东经111°57'37"至112°31'32"，北纬22°22'46"至22°50'36"之间。
【分支问题1】
根据新兴县的地理位置，判断新兴县的气候类型。
【引导小结】
引导学生说出新兴县的气候类型，为下面自然因素的分析奠定基础</td><td>1. 思考情境问题一，阅读学案上提供的九则图文材料，用6分钟时间合作讨论5个分支问题，归纳总结新兴县种植香荔的有利自然因素。
2. 通过文字材料和地图信息，了解新兴县的地理位置，由此判断新兴县的气候类型</td><td>该问题为说明类问题，考查学生在真实情境中应用地理原理解决问题的能力。通过对新兴县种植香荔的有利自然因素的探究，理解自然因素对农业生产的影响</td><td>1. 提问面向全体学生。
2. 提问表述准确。
3. 创设问题情境，让学生参与。
4. 根据不同问题类型采用多样化的理答方式。
5. 激发学生区域认知、人地协调观和综合思维</td></tr>
</table>

续上表

<table>
<tr><th rowspan="2">教学环节</th><th colspan="2">教学活动</th><th rowspan="2">问题设计意图</th><th rowspan="2">有效提问评估</th></tr>
<tr><th>教师活动</th><th>学生活动</th></tr>
<tr><td></td><td>材料二：新兴县属亚热带季风气候，季节分明。年平均气温21.5℃，≥10℃的积温平均值7398.2℃，年平均日照总时数1696小时。境内中部年均有霜日数5.9天，北部几乎无霜。年降雨量1663.7毫米，多集中在5、6月和8、9月。
材料三：新兴县气温降水统计图。 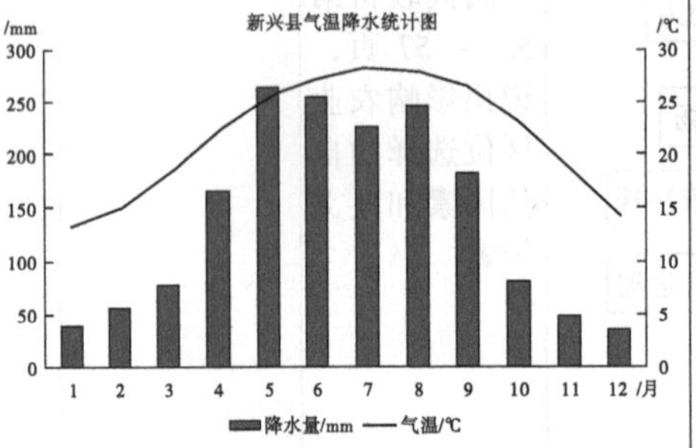
新兴县气温降水统计图
降水量/mm　气温/℃
【分支问题2】
新兴县为香荔生长提供了哪些有利的气候条件？
【引导小结】
结合荔枝的生长习性，引导学生分析图文材料，得出新兴县为香荔生长提供的有利气候条件。接着，总结分析农业区位因素中的气候因素</td><td>小组代表回答分支问题2，全体同学在教师的引导下，归纳出气候因素对农业的影响</td><td>分支问题2主要考查了学生从图文材料中分析气候要素对农业生产的影响，明确气候要素对农业区位选择的重要性</td><td>1. 采用小组个别学生代表提问，考虑学生之间的差异性。
2. 注重引导和探究。
3. 学生回答较准确，有一定深度</td></tr>
<tr><td></td><td>材料四：新兴县境内河流大多发源于县境南部高山和东西两侧的丘陵山地，分别注入三个水系。流入珠江流域西江水系的有新兴江及其支流，占全县流域面积的83.8%。全县河流总长度310千米，河网密度为每平方千米0.204千米。全县多年平均径流量16.32亿立方米。
材料五：展示新兴县水系图（图略）。
【分支问题3】
上述材料反映了新兴县的什么地理特征？为香荔种植提供了什么条件？
【引导小结】
根据图文材料，得出新兴县河网密布，水系发达的自然地理特征，为香荔种植提供了充足的灌溉水源</td><td>小组代表回答分支问题3，联系气候特征，说出水源因素对农业生产的影响</td><td>分支问题3为特征描述类问题，要求学生从图文材料概括出新兴县的水系特征，从而引出当地的水源条件对农业生产的影响</td><td>1. 采用小组个别学生代表提问，考虑学生之间的差异性。
2. 注重引导和探究。
3. 积极评价并给予学生鼓励性评价</td></tr>
</table>

续上表

<table>
<tr><th rowspan="2" colspan="2">教学环节</th><th colspan="2">教学活动</th><th rowspan="2">问题设计意图</th><th rowspan="2">有效提问评估</th></tr>
<tr><th>教师活动</th><th>学生活动</th></tr>
<tr><td></td><td></td><td>材料六：新兴县内四周为群山环绕，地势南高北低，主要河流流向也是从南向北流。县内呈盆地状，南部多高山，海拔多在500米以上；河谷平原、丘陵山坡地、谷地多集中于县的北部，水分于县城中北部居多，其他区域相对较少。水分对荔枝的生长非常重要，荔枝不同的生长阶段对水分的要求不尽相同。在幼果期，雨水不宜过多，否则会对吸收根的活力产生一定程度的影响，容易出现裂果、落果等现象；幼年树、残弱树的根部对土壤的水分变化较敏感，水分过多会导致土壤通透性下降，出现沤根腐烂等不良现象。
材料七：展示新兴县地形图（图略）。

【分支问题 4】
推测新兴县香荔种植的主要集中区域，并说明理由。
【引导小结】
根据图文材料，引导学生判断出新兴香荔的集中种植地以及背后地形因素的影响</td><td>小组代表回答分支问题4，通过推测新兴香荔的集中种植地，分析地形条件对香荔种植的影响</td><td>分支问题4为推测类问题，根据已有信息，推测出适宜香荔生长的地区，并说明推测理由。根据已知的水分和气候条件，倒推出地形因素对香荔种植的影响</td><td>1. 采用小组个别学生代表提问，考虑学生之间的差异性。
2. 问题具有启发性。
3. 积极评价并给予学生鼓励性评价</td></tr>
<tr><td></td><td></td><td>材料八：荔枝树为常绿性乔木，根部有根瘤。有一种真菌与荔枝根共生，这种真菌只能在酸性和微酸性土壤中生长。所以只要表土深厚富含腐殖质的酸性和微酸性土壤都适宜种植荔枝。
材料九：新兴县荔枝园土壤肥力状况调查分析。

新兴县荔枝园土壤肥力状况
（除pH外，单位为 $mg\cdot kg^{-1}$）<table><tr><th></th><th>有机质 $(\times10^3)$</th><th>碱解氮</th><th>有效磷</th><th>有效钾</th><th>pH</th></tr><tr><td>平均值</td><td>22.56</td><td>66.7</td><td>42.3</td><td>139.7</td><td>5.47</td></tr><tr><td>c.v.(%)</td><td>21.85</td><td>24.32</td><td>52.65</td><td>44.36</td><td>11.33</td></tr></table>
【分支问题 5】
新兴县荔枝园树围土壤有何特点？是否适合香荔生长？</td><td>小组代表回答分支问题5，根据图表获取土壤相关信息，评价土壤因素对香荔生产的影响</td><td>分支问题5为特征描述类问题，根据表格信息描述土壤特点，并结合香荔的生长习性做出评价</td><td>1. 采用小组个别学生代表提问，考虑学生之间的差异性。
2. 候答时间与问题难易程度相匹配。
3. 积极评价并给予学生鼓励性评价</td></tr>
</table>

续上表

教学环节		教学活动		问题设计意图	有效提问评估
		教师活动	学生活动		
		【引导小结】 1. 引导学生通过分析材料得出新兴县荔枝园树围土壤为酸性且有机质含量较高的特点，适合香荔生长。 2. 归纳主问题一的答案，总结新兴县种植香荔的有利自然因素			
	情境问题二：分析香荔种植成为新兴县乡村振兴重要助力的人文因素	**【展示情境】** 近年来，凭借香荔产业，新兴县部分乡村居民收入增加，集体经济快速发展，为乡村振兴注入了新动能。 **【提出情境问题二】** 分析香荔种植成为新兴县乡村振兴重要助力的人文因素。 材料一：《新兴县志》载："香荔枝，两粤所无，唯新兴有之。或无核，或有核而绝小。他处莳之则变。（新兴）本土早有香荔……县内尚有唐宋时植香荔树。" 《罗浮志》载："荔枝有多种，出新兴者为香荔，实小核焦而香美……甘酸宜人。其核细者谓之焦核，荔枝之最珍者也。" 2008年，新兴香荔获批全国地理标志产品，在"2019年中国优质荔枝擂台赛"优质特色品种组评比中荣获金奖。 材料二：每到7月中旬，新兴香荔开始成熟并采摘上市，主要销往中山、肇庆、珠江三角洲地区以及云南等地。随着市场的拓展，新兴香荔首次实现荔枝出口北美市场。 材料三：2019—2020年我国荔枝上市量情况 2019—2020年我国荔枝上市量情况（单位：万吨） 4月：2.84（2019年），5.58（2020年） 5月：58.18（2019年），53.65（2020年） 6月：51.45（2019年），111.04（2020年） 7月：14.72（2019年），10.95（2020年） 8月：0.22（2019年），0.24（2020年） ■2019年 ■2020年	1. 思考情境问题二，阅读学案上提供的七则图文材料，用5分钟时间合作讨论，分析香荔种植成为新兴县乡村振兴重要助力的人文因素。 2. 通过分析材料一，得出历史、品质和知名度作为影响因素的结论。 3. 通过分析材料二、三、四得出市场作为影响因素的结论。	该问题为分析类问题，考查学生分析地理事象因果逻辑关系的能力。通过系列材料，分析在乡村背景下，如何更好地推动农业生产的发展，助力乡村振兴	1. 提问面向全体学生。 2. 提问表述准确。 3. 创设问题情境，让学生参与。 4. 候答时间充足。 5. 激发学生区域认知、人地协调观和综合思维。 6. 积极评价并给予学生鼓励性评价

续上表

教学环节	教学活动		问题设计意图	有效提问评估
	教师活动	学生活动		
	材料四：2019年，新兴县举办新兴香荔节，融合禅文化，借助文化平台力推荔枝产业发展。同时，为拓宽香荔销路，让新兴香荔走进大湾区，助力全面实施乡村振兴战略，发展壮大村级集体经济，六祖镇党委到顺德陈村镇举行新兴香荔品尝推介会。 材料五：2019年，云浮新兴举办“美‘荔’禅都专家有call——荔枝专家新兴行”活动，并发布《新兴县荔枝产业高质量发展规划（2020—2030）》。 在政府牵线搭桥下，通过积极对接农科院、华南农业大学等农业院校及科研单位，塔脚村建立了新兴香荔产学研基地，引进产业技术体系。 材料六：荔枝收获季节气温高，鲜果保存难度大。近年来，香荔生产合作社与物流公司建立冷链配送渠道，加大网上销售力度，香荔的对外销售量和销售价格较往年均有大幅增长。 材料七：广东供销（新兴）天业冷链物流产业园项目落户；展示新兴县交通区位图（图略）。 **【引导小结】** 1. 通过七则图文材料，引导学生分析香荔种植成为新兴县乡村振兴重要助力的人文因素。 2. 教师对学生代表的回答及时点评反馈	4. 通过分析材料五得出政策和技术作为影响因素的结论。 5. 通过分析材料六、七得出交通作为影响因素的结论。 6. 小组代表分享各小组的分析结果		
课堂总结	**【总结归纳】** 农业区位因素 自然因素： 气候　热量、降水、光照、昼夜温差 土壤　肥力、酸碱度、土层厚度和土壤墒情等 地形　平原→耕作业；山地→林牧业 水源　农业灌溉 人文因素： 市场　决定农业生产的类型、规模 交通　对易腐败、易变质农产品影响大 劳动力　劳动力的数量和素质 政策　政府政策支持 技术　提高销售数量、提高农业生产率	在教师的引领下，归纳总结影响农业区位选择的因素，并绘制思维导图	归纳总结本节内容，通过思维导图建立知识结构体系	

续上表

<table>
<tr><th rowspan="2">教学环节</th><th colspan="2">教学活动</th><th rowspan="2">问题设计意图</th><th rowspan="2">有效提问评估</th></tr>
<tr><th>教师活动</th><th>学生活动</th></tr>
<tr><td>课堂
检测</td><td colspan="2">

【课堂作业】

柑橘在生长过程中，低于 −4℃会冻伤，高于 37℃则停止生长，要求土壤有较高的含氧量和适宜的含水量。土壤相对含水量低于 60% 需灌水，但土壤积水会使根系死亡。西西里岛出产优质的血橙（柑橘的一种），成片的血橙种植在疏松多孔，富含铁、钾养分的火山土的丘陵缓坡。2019 年 3 月 19 日，一批西西里血橙运抵中国，批发价为每千克 30 元左右，远高于我国同类产品。江西血橙 12 月上市，2 月底采完。西西里血橙 2 月初上市，3 月运抵中国。下图示意意大利西西里岛的地形。据此完成 1～3 题。 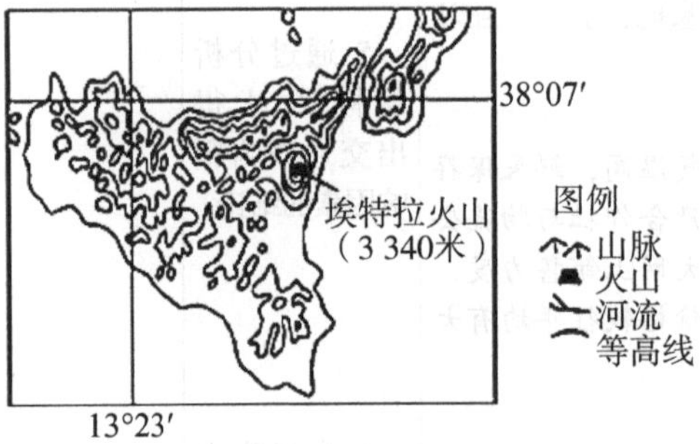

1. 与我国江西省柑橘产区相比，西西里岛有利于柑橘生长的气温条件是（　　）
①冬季，受海洋西风影响，气温较高
②位于温带海洋性气候区，气候温和
③海拔较高，夏季气温偏低
④所处纬度偏高，夏季气温偏低
A. ②③　B. ①④　C. ①②　D. ③④

2. 火山土的丘陵缓坡适宜血橙种植的有利条件是（　　）
A. 阳光普照，热量较充足　B. 地势高，气温日较差大
C. 缓坡利于排水，防涝灾　D. 土壤通气透水，肥力高

3. 西西里血橙虽然价格偏高，但在我国市场竞争力较强，其主要原因是（　　）
A. 航空运输，节省运费
B. 冷藏效果良好，果品新鲜度高
C. 品质优良，错时上市
D. 栽培技术先进，严禁施用农药

</td><td>及时了解学生的学习情况，发现问题，查漏补缺，巩固知识</td><td></td></tr>
</table>

【板书设计】

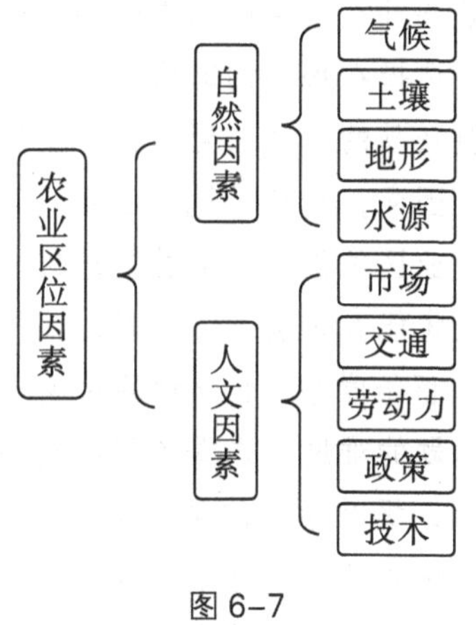

图 6–7

【课后作业】

为更好发挥“小香荔，大产业”，助力新兴县乡村振兴，请你为新兴香荔的可持续发展献上良策。

问题设计意图：该问题为措施应用类问题，问题的设计目的是巩固学生对农业区位因素的理解，认识到地理环境与农业生产的关系，培养学生浓厚的乡土情怀和人地协调观念。

有效提问评估：提问面向全体学生，问题具有启发性，问题生活情境化，体现乡土地理内容，问题设计突出高中地理教程的重点和难点。

案例评析

课堂提问是课堂教学中的重要手段，是教师与学生思想碰撞的重要媒介。通过精心设计课堂提问，可以使得课堂教学更加顺畅，更加容易实现教学目标，还能充分调动学生积极性，提高课堂的互动性，从而提高课堂教学质量。以下将从课前问题创设的有效性、课中提问实施的有效性、课中提问效果的有效性和课后提问反思的有效性四个方面对本节课的教学设计做出评价。

1. 课前问题创设的有效性

本节课问题的设计符合课程要求，突出了高中地理教程的重点和难点。设计了两个主问题和若干小问题，两个主问题从自然因素和人文因素两个角度设计，分别探讨了新兴县种植香荔的有利自然因素和香荔种植成为新兴县乡村振兴重要助力的人文因素，能较好地达到课标中“说明农业区位因素”的要求。同时，问题设计具有生活情境化，以新兴本土特产——香荔创设情境和设计问题，既契合课标“结合实例”的要求，又贴近学生生活，具有明显的生活气息，体现学习对生活有用的乡土地理内容。

2. 课中提问实施的有效性

教师提问的技能直接关系到课堂教学的效果，这就要求教师要掌握有效提问的方法和技能。提问表述要准确、科学，提问语言要简明扼要，清晰流畅。如情境一中的“新兴县为香荔生长提供了哪些有利气候条件？”问题的中心词明确，目标界定清晰，学生能快速准确抓住问题的核心进行思考。选择在恰当的时机对学生提问，能在学生思维活跃时推动学生思维进阶。例如在描述完新兴县的地理位置后，马上要求根据地理位置判断新兴县的气候类型，然后直接过渡到气候因素，构建“地理位置—气候类型—农业区位因素”的思维关联，同时突出气候因素在农业区位因素中的首要地位。教师在提出问题后，要给学生留出充足的思考时间，这样学生才能真正去思考问题，而不是应付提问。本节课设计的候答时间比较充足，两个主问题共留给学生 11 分钟的讨论思考时间，通过讨论合作，能较好地完成课堂任务。同时根据问题的难度，选择不同组别不同层次的学生代表回答，较充分地考虑到了学生之间的差异性，提升学生的学习信心。如情境一分支问题 4：推测新兴县香荔种植的主要集中区域，并说明理由。这个问题具有一定难度，需要提取到材料中荔枝喜湿，但水分过多会沤根腐烂的特征，再结合新兴县地形图才能推测出其集中种植区。对地理思维能力要求较高，因此必须选择地理思维较好的学生回答，还能树立其榜样带动作用。在学生回答后，抓住学生回答过程中的优点，能给予鼓励和肯定，并引导学生归纳总结，另外，对于回答问题过程中遇到困难的学生，要给予及时的引导帮助。

3. 课中提问效果的有效性

课堂提问的功能之一就是激发学生的学习兴趣，调动学生的学习积极性。本节课的情境创设和问题设计极大地吸引了学生的学习兴趣，在课堂上用课本的知识探究身边熟悉的香荔，课堂氛围活跃；把主问题一拆分成了若干个小问题，更有利于学生解答，引起学生积极讨论。在课堂互动过程中，适时询问学生家里香荔种植的有关情况或者对家乡香荔种植的了解情况，还能让学生更积极参与到课堂中来，对课堂学习内容的印象也更为深刻。在回答问题的过程中，以小组代表回答为主，组内其他同学参与补充，体现了学生之间的互助合作。同时，当学生代表对自己的答案不肯定时，教师能鼓励学生不要怕讲错，要敢于表述自己的观点，消除学生的畏惧心理。

4. 课后提问反思的有效性

课堂结束后，及时地反思课堂提问存在的问题，总结课堂提问的经验，才能有效提高教师课堂提问的技能。本节课的情境创设和问题设计都比较成功，能较好地调动学生的积极性，参与课堂思考。但仍存在一些亟须改进的地方：

（1）材料过多，整合度不够。材料需要从大量的素材中高度提炼整合出来，不能简单拼凑，应该要反复研读，关联教材知识，根据问题设置提炼出有用信息加以整合，为学生的探究提供材料信息支撑。如情境二中人文因素的探究材料过多，每个因素都有一到两则材料体现，缺乏提炼整合，需要对材料进一步研究整合。

（2）问题的设计需要更注重地理思维和核心素养的培养，注重问题的广度和深度。在一节完整的地理课堂中，需要设置一到两个具有一定探究难度的问题或者开放性问题，让学生通过与同学的合作沟通，运用已有知识和生活经验，共同克服难题，解决问题。在这个过程中能引领学生走向深度学习，促进高阶思维的发展。

（3）提问时要相信学生，给学生充分的回答时间，不要过早干预或引导学生的回答。在课堂上，教师提出问题后，除了要给予充足的候答时间外，在学生回答的过程中也要有足够的耐心，相信学生通过思考能有自己的见解。当学生回答遇到困难时，不要马上干预或引导学生的回答，否则学生容易形成依赖心理，不利于提高其表达能力和逻辑能力。只有当学生确实无法完整回答时，才给予适当的引导，让学生在教师的引导下完成问题，树立信心。

（4）对问题答案的预设不能过于理想化，应该留足课堂生成的空间。充分合理对课堂提问进行“预设”，可以提高对课堂节奏的把握，使得课堂更顺畅地进行，更大程度上促进有效教学生成。但预设不能过于理想化，甚至出现学生答案不符合预设时无法顺利推进课堂的情况。如当学生根据提供的信息推测出的新兴香荔集中种植地跟预设答案不符时，可顺势提问学生其推测的依据和理由是什么。这样可以了解学生的思维过程和问题所在，利用课堂生成能有效促进学生思维培养。

三、区域地理课堂有效提问案例

案例 6：

《汽车工业能否带动家乡的发展》教学设计

崔建勇 云浮中学

第一部分：课标解读

本单元的课标要求：本章的主题是城市、产业与区域发展，在学习城市的辐射功能、地区产业结构变化的基础上，需要设计更具启发式的内容，激励学生进一步思考区域发展的问题。《汽车工业能否带动家乡的发展》是一节问题研究课。关注家乡的发展，是学习有用的地理的综合体现。通过本课学习，学生掌握了获取课外知识的基本途径，培养了地理实践能力。根据已有资料分析发展的优势与不足，参考与借鉴其他地区的发展经验，形成自己发展的建议和构想，学习用地理的综合思维去分析解决问题。通过成果展示，表达、交流、反思自己探究的见解，培养学生的高阶思维。同时激发学生热爱家乡、建设家乡的主人翁态度，增强资源环境意识、形成人地协调观念。

第二部分：单元设计说明

【教材分析】

本单元教学设计对应的是人教版选择性必修二第三章第二节问题研究。结合情境材料引导学生进行研究性学习。资料的设置与问题，教师在教学过程中应该注意引导学生针对每一段资料来总结相关信息，深入思考这些资料和问题之间的逻辑关系，培养学生研究性学习的能力。

【学情分析】

高二的学生思维和学习能力已经有了较大的进步，在之前的生活和学习中对相关概念已有所理解，但缺乏对相关问题的理性分析和思考，对概念的理解尚停留于感性认知层面，而且利用碎片化的知识在具体情境中进行综合分析问题还存在困难。这就要求教师在本节课的教学过程中，合理利用学生已有的生活经验。大多数学生生活在城市，对汽车有更为直观的认识，教师采用探究或小组合作法突破本节重难点，帮助学生在已有感性知识的基础上构建知识体系，提升地理核心素养。

【教学重难点】

1. 了解汽车工业的生产环节特点，评价云浮发展氢能源汽车的区位条件。

2. 结合云浮氢能源汽车的发展现状，说明汽车工业对区域发展的影响。

【教学策略与方法】

围绕“产业与区域发展”这一主题，以情境探究为主，依据地方的优势特点，地域性的产业分工促进区域发展。沿着“情境—问题—探究—建构”思路，以汽车工业的特点及其产业带动作用、汽车工业的风险等作为教学内容的核心线索。依托案例情境——云浮市氢能源汽车发展背景，创设问题及问题链，再结合生活实例，引导学生在探究过程中实现知识、方法、思维和能力建构的目标。

第三部分：教学设计

教学环节	教学活动		问题设计意图	有效提问评估
	教师活动	学生活动		
课前预习	**【任务驱动】** 进入21世纪，我国迅速进入汽车社会，快速增长的汽车需求以及汽车工业相关产业的带动作用，推动我国汽车工业迅猛发展。一时间，汽车厂如雨后春笋般在全国各地建立，很多省级行政区把汽车工业定为主导产业。那么，如果把汽车工业定为主导产业，家乡所在省级行政区能否获得更快、更好的发展？	以小组为单位查阅资料，完成探究任务	提出问题，引发学生思考	1. 问题设计突出高中地理教程的重点和难点。 2. 问题具有启发性。 3. 问题生活情境化，体现乡土地理内容

续上表

教学环节	教学活动		问题设计意图	有效提问评估
	教师活动	学生活动		
激兴趣知特点	播放视频了解汽车的基本结构。 **【展示情境】** 汽车工业涉及面广、技术要求高、综合性强、产业关联度高，对工业结构升级和配套产业发展具有显著的带动作用。下图示意汽车工业的产业链。 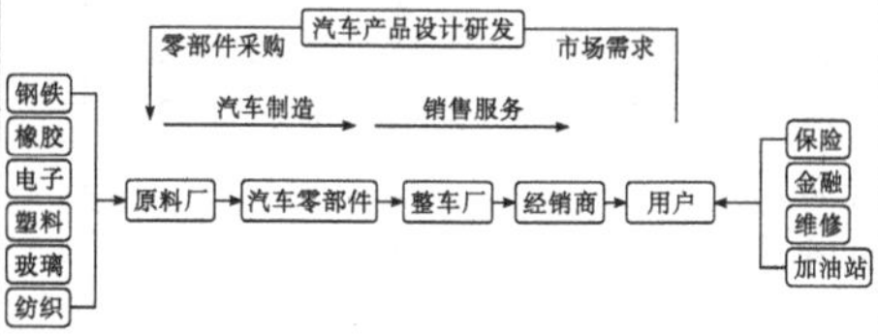 汽车产品设计研发 零部件采购 市场需求 汽车制造 销售服务 钢铁 橡胶 电子 塑料 玻璃 纺织 原料厂 汽车零部件 整车厂 经销商 用户 保险 金融 维修 加油站 **【提出问题】** 1. 阅读《汽车工业产业链图》，了解汽车工业的生产环节并总结特点。 2. 汽车工业对区域发展有哪些带动作用? **【引导小结】** 1. 汽车工业具有涉及面广、技术要求高、综合性强、产业关联度高、资金投入大等特点。 2. 促进区域产业结构升级并带动相关配套产业的发展，促进保险、金融等服务业的发展，提供大量就业岗位	观看资料，用5分钟时间思考并回答问题: 结合材料，指出汽车的工业特点及其产业的带动作用	通过对汽车零部件构成相关图片的观察，设置问题，引导学生得出汽车零部件数量多、协作配套企业数量多、技术要求高的结论，为学生得出汽车工业的特点及其产业带动作用做铺垫	1. 提问表述准确、科学，特别地理专业术语要准确。 2. 先提问，后回答。 3. 提问范围明确、具体。 4. 教师引导和鼓励学生参与
新课学习 探案例析区位	**【展示情境】（一）** 材料一：2020年国务院办公厅印发《新能源汽车产业发展规划（2021—2035年）》，要求深入实施发展新能源汽车国家战略，避开与传统汽车强国的竞争，推动中国新能源汽车产业高质量可持续发展，加快建设汽车强国。新能源汽车具有环保、噪音小、舒适、使用成本低、经济节能、动力强劲、配置智能等优点，深受民众喜爱。 材料二：中国是一个能源匮乏的国家，石油、天然气等化石能源都严重依赖于国际市场，这些使中国的能源安全问题较为严重，在国际能源市场上时常面临“卡脖子”问题，如伊朗问题、委内瑞拉危机等都会给中国能源安全带来巨大冲击。发展新能源汽车产业就是破解中国能源安全的重要路径。	1. 阅读图文资料，小组用5分钟时间合作讨论：评价我国发展清洁能源的优势。	通过资料分析，帮助学生全面深入认识汽车工业，对所要研究的问题有全面的认识。培养学生提取信息、收集信息、综合分析问题的能力	1. 采用小组个别提问的方式，考虑学生之间的差异性。 2. 创设问题情境，让学生参与。 3. 注重引导和探究

续上表

教学环节	教学活动		问题设计意图	有效提问评估
	教师活动	学生活动		
	【提出问题】 阅读材料，思考相比于传统燃油汽车，我国为什么要大力发展新能源汽车？ **【引导小结】** 引导学生了解我国能源现状，归纳总结新能源的优点，为云浮市发展新能源汽车做好铺垫	2. 小组代表总结分享讨论结果，教师对结果进行点评与评价		
	【展示情境】（二） 材料三：氢能是一种无碳绿色新能源，具有储量丰富、能量密度大、转化效率高和适用范围广等特点。 材料四：云浮地处粤北，拥有着得天独厚的生态优势。新区佛山（云浮）产业转移工业园已经构建了“氢能公交客车整车生产平台、氢燃料电池批量化生产平台、氢能源和燃料电池技术研发平台、制氢加氢基础设施配套服务平台、氢能源商用车示范推广运营平台”等新能源汽车完整的产业链。 **【提出问题】** 氢能源汽车为什么落户云浮新区？ **【引导小结】** 1. 云浮新区地理位置优越，靠近珠江三角洲，拥有水运、铁路、公路等多种交通运输方式，具有良好的区位条件。 2. 森林覆盖率达到67.8%，拥有优越的生态环境。佛山（云浮）产业转移工业园内汽车零部件产业、机械装备制造产业、新型材料加工产业、现代医药健康产业和电子信息技术产业等已初具规模，产业基础好	1. 阅读情境素材，小组用5分钟时间合作讨论问题：氢能源汽车为什么落户云浮新区？ 2. 小组代表总结分享讨论结果，在教师的引导下，完成对云浮发展氢能源汽车的区位优势分析	通过实地调查，缩小问题聚焦的范围，关注云浮氢能源汽车。进一步认识家乡发展汽车工业的实际条件，培养学生的地理实践力	1. 问题的提问范围明确、具体。 2. 注重引导和探索。 3. 学生兴趣浓厚，融入课堂，积极讨论，思维活跃。 4. 激发学生地理核心素养
明现状谈影响	**【展示情境】（三）** 材料五：佛山（云浮）产业转移工业园已建成可年产燃料电池电堆20 000台、系统集成5 000套、燃料电池客车5 000台、燃料电池物流车5 000台的氢能产业化基地，形成了上、中、下游比较完善的氢能产业链，预计年产值超过100亿元。 **【展示问题】** 阅读材料，说明氢能源汽车的落户对云浮区域发展的有利影响。	1. 阅读情境素材，小组用5分钟时间合作讨论问题：说明氢能源汽车的落户对云浮区域发展的有利影响。	通过学生阅读资料分析解答，提升学生的信息获取及分析能力和地理实践力	1. 提问面向全体学生，做到公平公正。 2. 注重引导和探究。 3. 认真倾听学生回答，不打断学生回答

续上表

教学环节		教学活动		问题设计意图	有效提问评估
		教师活动	学生活动		
		【引导小结】 引导学生思考和表达自己的观点，然后做出总结： 1. 氢能源汽车的落户对云浮区域发展的有利影响，从社会经济角度来看：增加就业岗位，促进人才输入和培养。 2. 提升工业化和城市化水平，完善基础设施建设。 3. 从区域产业发展角度，促进产业结构优化，带动相关产业发展，提升整体经济实力	2. 小组代表通过实物展示平台展示和分享讨论结果		
	忧问题担风险	【展示情境】（四） 材料七：汽车工业和其他工业一样，需要工厂用地、劳动力、城市基础设施等，此外，还有其特殊性： 进入汽车生产行业的门槛高。汽车制造业涉及装备制造、机械加工、控制模拟、化学工业等不同行业，产业配套能力要求高，对应的资金投入大；汽车市场是全球性的、市场竞争异常激烈。汽车工业自身的经济效益和对相关产业极强的带动作用，使之成为国家、地方政府、企业，特别是跨国企业的投资重点，带来全球范围激烈的汽车市场竞争。中国放宽汽车行业外商投资的限制和较大幅度降低汽车进口关税，使中国汽车市场成为世界竞争最激烈的市场。21世纪以来，我国有一些汽车厂，投资建厂后不久即宣告倒闭。 材料八：汽车工业对环境的污染：汽车相关工业的发展有可能造成严重的环境污染，例如，汽车喷涂和焊接过程中排放的废气会造成大气污染，汽车零件的防腐处理、切削加工的废料储存、车辆拆卸过程中的废弃物都会造成水污染和土壤污染。 【展示问题】 1. 发展新能源汽车工业会面临哪些风险？ 2. 你认为发展新能源汽车工业还应考虑哪些问题？ 【引导小结】 引导学生思考和表达自己的观点，然后做出总结：	1. 在教师的引导下，完成归纳：分析产业对区域发展的影响。阅读课本，结合课本里面给出的材料，学习互助小组用5分钟时间一起思考并提出汽车工业面临的风险和挑战。 2. 学习互助小组代表分享观点。 3. 在教师的引导下，完成归纳：发展新能源汽车面临的挑战和考虑的问题	在综合分析和解决问题过程中激发学生的创新意识，引导教学注重对学生思维能力的培养，改变追求唯一标准答案而导致学生思维僵化、固化地学习的现状。加强学生对知识的掌握并培养学生解决问题的能力	1. 根据不同的问题类型采用多样化的理答方式。 2. 积极评价和给予学生鼓励性评价。 3. 学生兴趣浓厚，融入课堂，积极讨论，思维活跃。 4. 激发学生地理核心素养

续上表

<table>
<tr><th rowspan="2">教学环节</th><th colspan="2">教学活动</th><th rowspan="2">问题设计意图</th><th rowspan="2">有效提问评估</th></tr>
<tr><th>教师活动</th><th>学生活动</th></tr>
<tr><td rowspan="2">定决策促发展</td><td>1. 从投资风险、市场风险、污染风险等方面考虑。
2. 新能源汽车的发展还要从劳动力素质和价格、土地价格、工业基础条件、科技创新能力、国家政策的影响、基础设施条件等方面考虑</td><td></td><td></td><td></td></tr>
<tr><td>【展示问题】
我们家乡云浮市发展新能源汽车工业的可行性。
【引导小结】
引导学生思考和表达自己的观点，然后做出总结。
让学生站在不同的角度对同一内容可以形成不同的观点，可以采用不同的方法来分析和解释同一地理现象</td><td>结合本节课所学内容，学习互助小组用 5 ~ 8 分钟时间一起讨论思考，表达观点</td><td></td><td></td></tr>
<tr><td>课堂总结</td><td>【活动指导】
指导学生完成本节的思维导图</td><td>绘制思维导图，学生代表展示成果</td><td>归纳总结本节内容，建立知识结构</td><td></td></tr>
<tr><td>学业检测</td><td colspan="2">【课堂作业】
近年来，包括中国在内的众多国家相继推出发展新能源汽车的鼓励政策，并陆续出台燃油汽车禁售时间表。M 公司为我国知名智能手机制造企业，2021 年决定研发并生产智能电动汽车，在北京成立了汽车总部和首家高标准自建工厂，计划于 2024 年实现量产。据此完成 1 ~ 2 题。
1. 各国制定禁售燃油汽车时间表，鼓励发展新能源汽车的主要原因是（　　）
A. 缓解交通拥堵　B. 扩大汽车消费市场
C. 应对燃油汽车数量不足　D. 改善大气环境质量
2. 与传统汽车厂商转型生产电动汽车相比，M 公司具有的突出优势是（　　）
A. 智能研发水平高　B. 现成的销售网络
C. 完善的供应链　D. 品牌知名度高
挪威是全球电动汽车销量占比最高的国家，2020 年纯电动汽车、油电混合动力车合计占比已经超过 80%。部分专家认为挪威的电动汽车市场趋于饱和。但我国某电动汽车品牌仍在挪威首都奥斯陆建设体验中心，新能源汽车的电池有充电和换电两种续电模式（换电模式是指车主在换电站直接付费更换电池包，无须等待充电）。据此完成 3 ~ 4 题。
3. 影响我国某电动汽车选择在奥斯陆建设体验中心的主要因素是（　　）
A. 市场　B. 技术　C. 政策　D. 工业基础</td><td>及时了解学生学习情况，弥补不足，巩固知识</td><td></td></tr>
</table>

续上表

教学环节	教学活动		问题设计意图	有效提问评估
	教师活动	学生活动		
	4. 该品牌电动汽车推广换电模式,得到了广大车主的认可,主要原因是（　　） A. 换电模式成本低廉　B. 沿线电力资源丰富 C. 挪威充电桩数量少　D. 节省时间无须等待			

【板书设计】

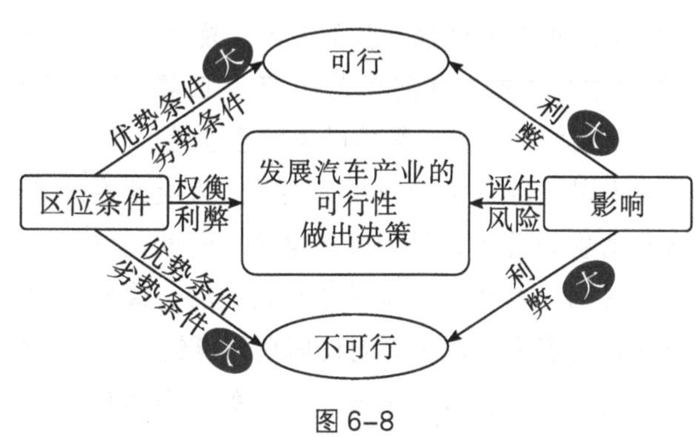

图 6-8

【课后作业】

城市化与产业结构升级在区域发展中相伴而行，城市化率、产业结构是城市与区域发展的重要标志。以某区域为例，收集资料，整合分析城市、产业与区域发展的关系。

问题设计意图：通过对点训练，触类旁通、举一反三。能够理解和运用地理知识解决同一类地理问题，对核心地理知识能够进一步迁移和发展。

有效提问评估：提问增加深度和广度，提高综合思维能力，激发学生用地理知识解决实际问题，联系生活实际。

案例评析

一堂好课，既要完成教学目标，又要实现教师和学生在求知过程中的双赢，教师的提问水平直接影射“导演”的水平。如何让学生在整个课堂的舞台中既活跃又学到知识，既完成目标又体现互动，一直是每位教育工作者需要认真探索、摸索的终极目标。在教育生涯中实现这些，终将体现一堂高效出彩的好课的风采。高中地理课堂教学的有效提问，应该把握多方面的问题，如课前问题创设的有效性、课中提问实施的有效性、课中提问效果的有效性、课后提问的反思的有效性等，本文主要从本节课教学的有效提问评价方面做出论述。

1. 课前问题创设的有效性提问

地理课前提问是开启学生创造性思维、引导学生思考的最简便的教学方法，也是教师借以接受学生反馈信息的一种有效手段，是联系师生思维活动的纽带。例如把汽车工业定为主导产业，家乡所在省级行政区能否获得更快、更好的发展？教师从问题设计目标、学生已有认知、思维过程等进行提问，问题设计突出高中地理教学的重点和难点，情境化、生活化，体现乡土地理内容，符合学生认知规律。

2.课中提问实施的有效性及课中提问效果的有效性

在一般的教学活动中，教师都能通过提问的方式来实现教学活动中的师生互动。但有些问题是教师随机性的问，学生机械性的答，没有多少思考价值，只是表面上热闹，因为问题简单而直观，没有师生间思维的碰撞。甚至有时，教师无意识地提出模棱两可、复杂、可做双重理解的问题，导致学生很难抓住问题大意，无从回答。所以课中提问语言的有效性、提问对象的针对性、提问方式的恰当性、候答时间的合理性、理答方式的有效性尤为重要。

例如汽车的工业特点及其产业的带动作用的问题。人生活在地理环境之中，每个人都能体验到地理环境与自己的密切关系，提问表述准确、科学，特别地理专业术语准确，问题和本节课相链接，范围明确、具体，这也是学生最关心、最有兴趣的部分。各个地理事物和现象的发展条件彼此都有着内在联系，创设问题情境链，让学生分组参与，融入课堂，积极讨论，思维活跃，激发学生地理核心素养。同样的一个问题可以通过不同的提问方式来调节其回答范围的大小，提问要由浅入深，循序渐进；提问要难易适度，因人而异；认真倾听学生回答，不打断学生回答，应热情地鼓励学生畅所欲言，并对其创造性的发现给予诚恳的表扬，不仅要评价思维成果，也要评价思维过程、思维方法；既评判，又激励，不仅仅是“证明”，更重要的是改进。有的学生口头表达能力强，有的观察能力强，有的思维比较深刻，有的敢于大胆提出新问题，等等，这些都需要及时予以肯定和引导。对于个别学生的“奇谈怪论”，即使是荒谬的，也应表扬其极富个性的创新而后加以疏导，并借此鼓励其他学生都要有自己与众不同的观点，当然要防止放任学生“随意发挥”。

3.课后提问反思的有效性

经过教师精心设计、恰到好处的课堂提问，能有效地激发学生的好奇心和想象力，燃起学生对知识的探究热情，从而极大地提升课堂教学质量。但在日常教学中，教师的课堂提问仍然存在着一些问题。

（1）提问“只顾数量，不求质量”。课堂中过多的一问一答，常常使学生缺少思维空间和思考时间，表面上很热闹，但是实际上学生处于较低的认知和思维水平。

（2）答案被教师完全控制。有时候，我们在不知不觉中，即使给了学生回答问题的机会，但是仍然会很不放心地打断学生的回答，或者草率地加入个人的评价，左右学生个人想法的表达。

（3）候答时间过短。学生回答问题需要酝酿和思考的时间，教师在极短的时间内就叫停，学生的思维无法进入真正的思考状态。

（4）不注重利用课堂生成资源。教师不仅要会问，而且还要会听：会倾听学生的回答，才能捕捉可利用的生成性资源，否则，问题就失去了它应有的意义。

思维来自疑问。一般教师只看到让学生解答疑难是对学生的一种训练，其实，应答还是被动的。要求学生自己提出疑问，自己发掘问题，是一种更高要求的训练。教师在设疑时应设法让学生在疑的基础上再生疑，然后鼓励、引导他们去质疑、解疑。从而提高学生发现问题、分析问题、解决问题的能力。

《资源枯竭型城市的转型发展》教学设计

张小红　云浮市黄岗实验中学

第一部分：课标解读

本单元的课标要求：以某资源枯竭型城市为例，分析资源枯竭型城市发展的方向。结合新课程标准的要求，学生需要达成的核心素养目标如下：①区域认知：从区域视角认识资源型城市的发展周期。②综合思维：结合图文资料，分析资源枯竭型城市的转型发展。③地理实践力：总结资源枯竭型城市转型的思路，并实际运用到身边城市的调查研究与分析中，为城市的发展献计献策。④人地协调观：树立因地制宜的城市可持续发展观。

第二部分：单元设计说明

【教学目标与学业质量】

教学目标	学业质量水平描述			
	水平一	水平二	水平三	水平四
运用典型案例，说明资源型城市生命周期发展与自然资源的关系，判断该资源型城市所处的生命周期位置	能说出资源型城市在各阶段生命周期对应的名称	能说出资源型城市在各阶段生命周期对应的名称，并能描述各阶段基本特征与自然资源的关系	能准确说明资源型城市生命周期发展与自然资源的关系，并能判断该资源型城市所处的生命周期位置	能在真实案例和问题情境中，准确说明资源型城市生命周期发展与自然资源的关系，并能准确判断该资源型城市所处的生命周期位置
通过典型案例说出资源枯竭型城市的主要特征，分析该城市的发展方向	描述时语言单一，只能用资源枯竭等少数词语，不能抓住资源枯竭型城市的关键特征，缺少层次	能说出资源枯竭型城市的主要特征，用词比较多样，但缺少层次性和逻辑性	能准确说出资源枯竭型城市的主要特征，理解其形成原因，并能为该城市转型发展提出方向	能在给定的案例中，描述资源枯竭型城市的关键特征，描述有层次、有条理，并能分析该城市的发展方向

续上表

教学目标	学业质量水平描述			
	水平一	水平二	水平三	水平四
归纳分析资源枯竭型城市发展方向的方法，并实际运用到新的案例中	对分析资源枯竭型城市发展方向的方法认识不够完整	能归纳分析资源枯竭型城市发展方向的方法，但不能实际运用到新的案例中	能归纳分析资源枯竭型城市发展方向的方法，并能实际运用到新的案例中	能归纳分析资源枯竭型城市发展方向的方法，并能实际运用到新案例中，还能因地制宜地为新案例城市的发展献计献策

【教材分析】

本节内容包含了资源型城市概念及其生命周期、资源枯竭型城市的概念以及转型发展的措施，最主要从三个方面进行分析和讲解：一是资源枯竭型城市及其转型，介绍了什么是资源型城市和资源枯竭型城市，指出资源枯竭型城市一般的转型路径。二是焦作市以煤炭为基础的产业兴衰，介绍焦作市以煤炭为基础的产业由兴盛到衰落及其产生的环境问题等。三是焦作市的转型之路。介绍了焦作市选择的转型之路，主要是开发新的资源，培育新的主导产业。本节课的内容是对本章第一节“自然资源与区域发展”内容的进一步深化，有利于学生更深刻地理解自然资源与区域发展的关系，培养学生分析问题、解决问题的综合地理思维能力。

【学情分析】

本节内容重在对课程标准中“分析资源枯竭型城市的发展方向”，方法是“以某资源枯竭型城市为例”。由于高二的学生对自然环境条件、自然资源有一定的认识，已基本掌握了与环境问题相关的简单的地理答题思路，在上节《生态脆弱区的综合治理》中，也已掌握了基本的可持续发展的综合治理措施。但是学生对资源型城市的转型发展方向如何做到因地制宜，缺少归纳与分析的方法，不能提出持续发展的对策建议。

【教学重难点】

1. 运用典型案例，说明资源型城市产业的兴衰过程及其衰落的原因。

2. 通过典型案例，理解资源枯竭型城市的转型发展措施。

【教学策略与方法】

本节教学总体上围绕“资源枯竭型城市的转型”这一主题，遵循“情境设疑—案例探究—拓展应用—模式建构”的思路展开。以情境探究为主，结合图表分析来组织学生学习活动。首先以学生所在地区“云浮市矿产资源相关情况”作为课前任务驱动，然后以阜新市转型发展之路作为引入，依托案例情境：焦作市发展的三个阶段“以煤兴市—煤竭城衰—绿色转型”创设问题及问题链，引导学生在探究过程中实现知识、方法、思维和能力建构的目标。

【内容结构】

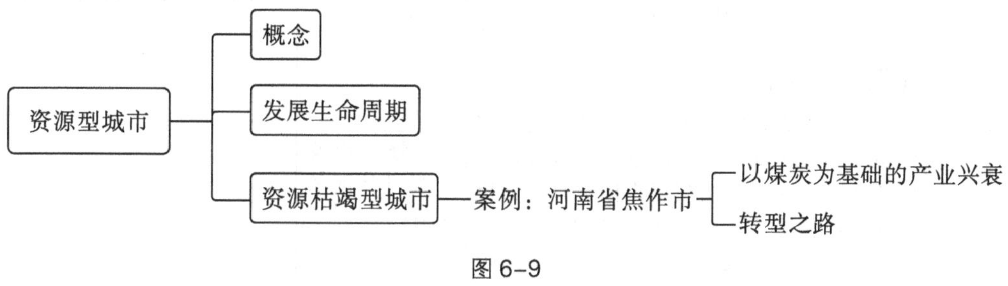

图 6-9

第三部分：教学设计

教学环节	教学活动		问题设计意图	有效提问评估
	教师活动	学生活动		
课前预习	**【任务驱动】** 自然环境不仅能够为区域发展提供自然条件和自然资源基础，还能影响区域发展的路径和水平。如果经济开发过度损害自然环境，自然环境也会反过来制约区域的进一步发展。云浮市地处粤西—桂东成矿带中段，矿产资源较为丰富，素有“硫都”“石乡”称誉。请分小组查阅相关资料，解决下列问题：分析云浮市目前矿产资源的储量、开发条件以及石材产业的发展状况	以小组为单位查阅相关资料，完成任务。并将成果以合适的形式（如制作 PPT 或视频等）呈现，做好课堂分享的准备	问题设计基于教材内容，通过分析类问题的设计去激发学生学习的热情和培养学生对身边城市经济发展的关注并献策	问题生活情境化，体现乡土地理内容，培养学生自主、合作学习
导入新课	**【展示情境】** 播放视频“阜新市的转型发展之路”。 阜新市因煤炭资源丰富，曾被称为“煤电之城”。我国第三套人民币的 5 元背面图案中；左侧的煤炭开采图的原型就是取自阜新市海州露天煤矿，可见阜新市昔日的辉煌。20 世纪末，阜新市开始转变以煤电为主的经济结构。 **【提出问题】** 1. 阜新市为什么要转型？ 2. 阜新市的发展方向是什么？ 3. 面对衰退危机，资源枯竭型城市该何去何从？ 4. 阜新转型的经验对其他资源型城市经济转型有哪些启示？	1. 阅读视频及文字资料，思考并回答相关问题。	该问题为启发性问题，通过问题去引导学生掌握资源型枯竭城市转型的原因、方向等，达到夯实基础的目的	提问表述准确、科学，地理专业术语准确；培养学生问题意识，激发学生对本节课的兴趣，引入学习的主题

续上表

<table>
<tr><th colspan="2" rowspan="2">教学环节</th><th colspan="2">教学活动</th><th rowspan="2">问题设计意图</th><th rowspan="2">有效提问评估</th></tr>
<tr><th>教师活动</th><th>学生活动</th></tr>
<tr><td colspan="2"></td><td>**【引导小结】**
由于自然资源的储量将随着开发进程逐渐减少乃至耗竭，对资源进行开采和加工的资源型产业也会由兴盛走向衰落。如果该城市只从事单一的资源开采和加工，没有其他产业的发展，则资源型城市最终走向衰退</td><td>2. 分小组交流探讨并回答问题</td><td></td><td></td></tr>
<tr><td rowspan="2">新课学习</td><td>情境探究一

成果分享</td><td>**【展示情境】**
材料一：新中国成立后，焦作成为我国六大无烟煤生产基地之一，煤炭年产量一度超过1 000万吨，累计为祖国建设贡献了3亿吨原煤。一批批和煤有关的企业拔地而起，到了20世纪80年代，焦作的资源型产业比重超过了80%。
材料二：焦作地处温带季风气候区，夏季高温多雨；地处河南西北部，处于中原“十字路口”位置，地理位置优越。
材料三：20世纪80年代，焦作市形成了以煤炭为基础的化学工业、机械工业、电力工业等较为完整的工业体系。
【提出问题】
结合所给资料，小组讨论分析焦作市产业因何而兴？优势条件是什么？
【引导小结】
引导归纳焦作市因煤而兴的优势区位条件：①煤炭资源丰富，品质优良；②修建铁路，交通便利；③工业体系完善</td><td>1. 阅读图文材料，并与组内成员交流探讨，得出焦作市产业因何而兴，优势条件是什么？

2.小组讨论，代表发言。

3. 小组代表总结分享讨论结果，教师对结果进行点评与评价；在教师的引导下，完成对自然条件要素的归纳</td><td>1. 该问题为分析类问题，培养学生读图分析及阅读理解能力。

2. 加深学生对资源型城市发展优势条件的理解，培养学生语言表达、交流分享能力，提升综合思维及地理实践力</td><td>问题设计突出本节课的重点和难点，采用小组个别提问，考虑学生之间的差异性创设问题情境，让学生参与，注重引导和探究，积极评价并给予学生鼓励性评价</td></tr>
<tr><td>情境探究二</td><td>**【展示情境】**
到20世纪90年代后期，工作的煤矿就宣告无煤可采而封井了，全市有好多这样的情况。与之匹配的企业也破产关停、职工下岗失业、城市破旧不堪，各种社会矛盾和问题大量暴露。1999年，全市国内生产总值（GDP）下降13%，财政收入下降24%。<table><tr><th>年份</th><th>煤炭工业占工业产值比重 /%</th></tr><tr><td>1949</td><td>81.6</td></tr><tr><td>1980</td><td>8.9</td></tr><tr><td>2000</td><td>4.9</td></tr></table></td><td>1. 阅读情境素材，小组合作讨论问题：焦作市煤炭工业比重下降的原因。</td><td></td><td></td></tr>
</table>

续上表

教学环节		教学活动		问题设计意图	有效提问评估
		教师活动	学生活动		
	成果分享	**【提出问题】** 结合图文材料，分析焦作市煤炭工业比重下降的原因？ **【引导小结】** ①无煤可采，传统工业为主，产业结构单一； ②产品附加值低，经济效益低； ③煤炭的开采和利用过程中产生严重环境问题，造成生态破坏	2. 小组代表展示和分享讨论结果。 3. 在教师的引导下，完成归纳	该问题为分析应用型问题，考查学生在新的情境中应用学过的技能	问题的提问范围明确、具体，同时激发学生兴趣，融入课堂，积极讨论
	情情境探究三	**【展示情境】** 材料一：世界小麦看中国，全国小麦看河南，河南小麦看温县。2000年后，焦作市加快农业发展的步伐，依托小麦、玉米、山药等农产品品牌，发展蔬菜、水果等特色农业。 材料二：焦作市除煤炭外，耐火黏土、铝矾土等矿产丰富，水资源较充足。焦作市在不断改造、提升传统产业的基础上，重点发展有色金属冶炼及加工、汽车零部件制造、化工及医药、农副产品深加工及高新技术等产业，推动工业多元化发展。 材料三：1999年，焦作市政府做出“把旅游业作为龙头产业进行培育”的重大决策。2001年，着力打造“焦作山水”等旅游品牌，利用独特的地质地貌等自然旅游资源和人文旅游资源发展旅游业。 **【展示问题】** 任务1：依据材料归纳焦作市温县农业转型的具体措施。 任务2：与20世纪80年代相比，指出目前焦作工业发展的特点。 任务3：依托旅游资源，焦作大力发展旅游业，分析其有利影响	1. 学习小组根据提出的三个任务进行讨论，归纳出本小组的观点。 2. 各小组派代表分享本组思考后归纳的答案	1. 该问题属于分析总结类问题，问题的设计加深学生对情境材料的理解。 2. 该问题为启发式问题，问题设计在于加深学生对资源枯竭型城市转型后深入的思考：目前取得相应成就后，转型之路是否继续。让学生学会辩证看待自然资源与城市发展的关系，理解人类要遵循自然规则，培养学生的人地协调观	1. 情境材料多，问题的提出具有针对性。对于学生来说，可以借助提问内容来思考资源枯竭型城市的转型之路。 2. 问题具有启发性，提问面向全体学生，做到公平、公正，教师引导并鼓励学生参与

续上表

<table>
<tr><th colspan="2" rowspan="2">教学环节</th><th colspan="2">教学活动</th><th rowspan="2">问题设计意图</th><th rowspan="2">有效提问评估</th></tr>
<tr><th>教师活动</th><th>学生活动</th></tr>
<tr><td rowspan="2"></td><td>成果分享</td><td>【引导小结】
引导学生思考和表达自己的观点，然后做出总结：资源枯竭型城市转型之路有哪些?</td><td rowspan="2">拓展学生思维，学以致用，学生各抒己见，分享自己思考后的观点，有情有理即可</td><td rowspan="2"></td><td rowspan="2"></td></tr>
<tr><td>大脑风暴</td><td>【拓展应用】
展望未来：由河南省政府主办的“焦作现象”国际论坛在焦作召开。本次论坛吸引了国内外众多资源城市及资源枯竭型城市前来取经。在论坛中，有人认为关于焦作转型之路还要继续，你是否赞同，说出你的理由。展示《中共中央关于制定国民经济和社会发展第十四个五年规划》提出的“打造新兴产业链，推动传统产业高端化、智能化、绿色化；推动现代服务业同先进制造业、现代农业深度融合；完善综合运输大通道、物流网络；加快城市群和都市圈轨道交通网络化；推进数字产业化和产业数字化”等资料，让学生思考焦作市转型之路是到此结束还是与时俱进继续转型</td></tr>
<tr><td colspan="2">课堂总结</td><td>【活动指导】
指导学生完成本节思维导图</td><td>绘制思维导图，学生代表展示成果</td><td>归纳总结本节内容，建立知识结构</td><td></td></tr>
<tr><td colspan="2">学业检测</td><td colspan="2">【课堂作业】
阅读图文材料，完成下列问题。
山西省焦煤资源丰富，其灰分和硫分含量较低，所生产的冶金焦供应全国并出口。据调查，1998 年山西省有 1 800 余家小焦化企业。随着国家相关政策和法规的实施，山西省逐步关停这些小焦化企业，至 2014 年已形成 4 个千万吨级焦化园区和 14 个 500 万吨级焦化园区，极大地改变了该产业污染严重的状况。下图示意 1994 年和 2014 年山西省焦化厂布局的变化情况。
1994年　2014年
■煤矿　▲钢铁厂　○焦化厂（注：图形大小示意规模大小）
→ 公路运输　--→ 铁路运输</td><td>及时了解学生学习情况，弥补不足，巩固知识</td><td></td></tr>
</table>

续上表

教学环节	教学活动		问题设计意图	有效提问评估
	教师活动	学生活动		
	（1）说明20世纪90年代山西省焦化企业规模小、数量多的存在条件。（8分） （2）分析20世纪90年代山西省焦化产业生产过程中污染严重的原因。（6分） （3）指出20世纪90年代山西省焦化产业运输过程中存在的污染问题。（4分） （4）推测山西省建立大型焦化产业园区后，在生产过程和运输过程中，对减少环境污染可采取的措施。（6分）			

【板书设计】

资源枯竭型城市可持续发展的一般分析思路：

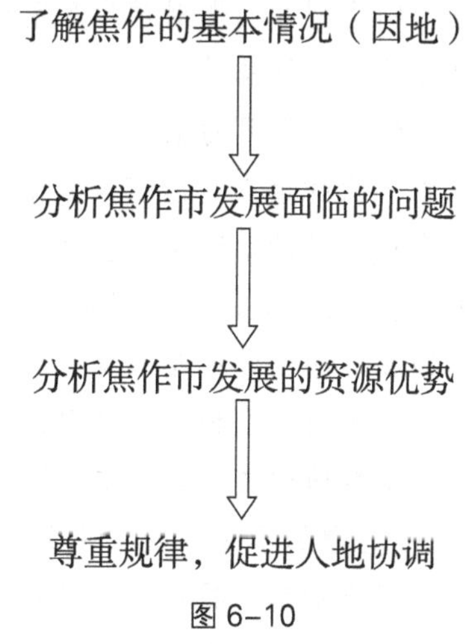

图6–10

【课后作业】

结合本节课学习的内容，请你为云浮市经济绿色可持续发展提供合理的建议和有效的措施。

问题设计意图：该问题为启发性分析型问题，问题的设计目的是巩固学生对资源枯竭型城市的转型之路的理解，认识城市的发展需要因地制宜制定可持续发展的道路，培养学生综合思维能力、地理实践力和人地协调观。

有效提问评估：提问表述准确、科学，问题具有启发性及层次性，符合地理事物发展规律和学生认知规律。

案例评析

本节《资源枯竭型城市的转型发展》教学设计是根据教材里面的案例，结合自己所在的城市进行相应的活动设计和问题提问。首先课前驱动问题“分析云浮市目前矿产资源的储量、开发条件以及石材产业的发展状况”就具有生活情境化，符合新课标要求，体现学习对生活有用的乡土地理内容，激发学生学习的热情和培养学生对身边城市经济发展的关注，更是让学生们通过分小组查阅相关资料的途径培养自主合作学习的能力。

导入新课时，借助视频、材料等提出了“阜新市为什么要转型？发展的方向是什么？面对衰退危机，资源枯竭型城市该何去何从？阜新市转型的经验对其他资源枯竭型城市经济转型有哪些启示？”四个问题，这些问题的提出拓展了学生的知识面，同时也扩充了课堂的内容。此时的提问时机恰当，提问的范围明确、具体，提问的表述准确、科学，地理专业术语准确。同时四个问题具有一定的递进关系，体现层次化，符合地理事物的发展规律和学生的认知规律。针对这四个问题，教师能充分考虑学生之间的差异，给予了充足的时间让学生进行思考，再选取了不同层次的学生进行回答。学生在回答的过程中，教师认真倾听并适时引导其思考，根据不同类型的问题对学生采用追问、转问等理答方式。回答完毕后及时给予学生积极鼓励性评价并归纳总结学生的答案。培养了学生的问题意识，激发了学生对本节课的兴趣，更好地引入了学习的主题。

用三个情境探究案例，引入本节课的重点“河南省焦作市的转型发展之路”。每个情境探究，教师都能通过展示情境资料，借助地理图表、视频、希沃白板等工具进行提问，学生分小组进行讨论和分享成果。这一阶段的课堂氛围非常活跃，学生兴趣浓厚，积极讨论，思维活跃。教师也能耐心引导和鼓励各小组学生参与发言和展示成果。学生在表达的过程中清晰、不含糊，教师的评价也非常中肯、纠错准确及时，充分体现了学生之间的互动和学生与教师之间的互动，加强了学生在地理核心素养中区域认知及综合思维能力的培养。

最后，教师在原有的教材资料上增加了《中共中央关于制定国民经济和社会发展第十四个五年规划》提出的“打造新兴产业链，推动传统产业高端化、智能化、绿色化；推动现代服务业同先进制造业、现代农业深度融合；完善综合运输大通道、物流网络；加快城市群和都市圈轨道交通网络化；推进数字产业化和产业数字化”等资料进行拓展应用，让学生对焦作市的未来进行展望。创设了一个开放式的提问“由河南省政府主办的‘焦作现象’国际论坛在焦作召开，本次论坛吸引了国内外众多资源型城市及资源枯竭型城市前来取经。在论坛中，有人认为关于焦作转型之路还要继续，你是否赞同，说出你的理由。”，让学生思考焦作市转型之路是到此结束还是与时俱进继续转型。这样的提问接轨现在新高考的问题设问，言之有理即可。此环节中学生畅所欲言、各抒已见，能够大胆地说出自己的想法，有助于培养学生地理学科核心素养中的地理实践力。同时这一问题的设计也拓展了学生的思维，加深了学生对资源枯竭型城市转型后深入的思考，让学生学会辩证地看待自然资源与城市发展的关系，理解人类要遵循自然规则，培养学生地理核心素养的人地协调观。

本节课的课堂有效提问总体来说还是比较成功的，特别是课前驱动问题和拓展应用问题的设计，充分凸显新课程要求，突出高中地理学科的核心素养，更体现出课堂提问的有效性、高效性和前瞻性。同时这些课堂有效提问也很好地反映出课堂的氛围以及教师与学生之间融洽的课堂互动。但是也有部分不足之处，如本节课在重点部分“河南省焦作市的转型发展之路”三个情境探究案例中的设问过于简单且没有深度，对学生解题能力的提升有所欠缺，还需再精细打磨。学生回答问题时特别是分任务进行讨论的时候，有部分学生没有根据材料给出的信息点进行分析，还有个别学生出现私下聊天，导致回答问题的时间不足，因此课堂时间还需重新分配。同时教师在学生回答相关问题时，特别是引导部分中下层水平的学生答题时过于着急将学生往答案方向引，导致有些学生知其然而不知其所以然。还有就是教师的延伸知识面还需注意度的把握，不要过多地延伸到与本节课知识点无关的其他领域。

总的来说，课堂教学中提问是师生互动的过程，有效的提问对课堂教学质量的提高更是非常重要。通过这节课，我们在课堂上的有效提问还需进一步优化和改进。从实际的教学提问来看，我们教师要引导学生对回答的问题做深入理解，让学生体验到成功。当学生回答不出问题，或者回答问题不完整时，我们还需要层层启发、逐级诱导，帮助学生慢慢接近正确答案，最终让学生自己答出。同时教师也可以根据学生回答的情况，进一步解释补充，使得回答更深入、更详细、更清晰、更规范，促进学生知其然更知其所以然，从而培养学生的自信心和学习兴趣。有时候教师也可就一个问题分别向多个学生提问，这样可以增加回答问题的学生人数，提高学生课堂注意力，也有利于培养学生合作交流的能力，充分挖掘问题的思维训练价值。如果教师能够把学生前面回答的答案，在后面的教学中直接引用，这样就更能满足学生的成就感，有助于提高学生自主学习的能力。

发挥，通过转向新路径。同时这些有效提问也很好地反映出课堂的氛围以及教师与学生之间和谐的课堂互动。但是也有部分不足之处，如本节课在重点部分"词的古典审美的转型与承变"一个问题探究案例中的设问过于简单且没有深度，对学生思维能力的提升帮助不大，不能让学生深入思考。学生回答问题中较少提及文学批评的内容，有部分学生没有将资料中的信息点进行分析，还有个别学生出现偏离主题的现象，导致回答问题的时间不足。因此课堂时间还需精细分配。同时教师在学生回答提出问题时，特别是引导部分中不足，本节的教师在提问时过于要求学生往标准方向引，其实应该让学生敢于发表不同的观点，提升课堂教学，要使学生在课堂中能自主发言，不要过多地预设问题，以让学生发表自己的主见或见解。

总的来说，课堂教学中提问设计与有效的运用：有效的提问对课堂的教学质量的提高具有十分重要的作用。通过这节课，我们在课堂上的有效提问还需进一步优化和设计。从实际的教学提问来看，我们教师要引导学生对问题作出的回答深入理解，让学生在答题过程中学会思考。回答不完整，或者回答问题不完整时，我们比较适当地给出提示、鼓励答案，引导学生接近正确答案，最终让学生自己得出。同时教师也可以根据学生回答的情况，进一步解释补充，使得回答更深入、更详细、更清晰、更规范，促进学生知其然更知其所以然，从而培养学生的自信心和学习兴趣；有时候教师也可就一个问题分别向多个学生提问，这样可以增加回答问题的学生人数，提高学生课堂注意力，也有利于培养学生合作交流的能力，充分发挥问题的思维训练价值。如果教师能够把学生前面回答的答案，在后面的教学中适当运用，这样就更能满足学生的成就感，有助于提高学生自主学习的能力。